《少年博览》丛书

美的繁星

■金婷婷　梁馨　周迪/著

序言

阅读让花季更丰厚

王　宏

花季少年，想要去体验的滋味实在太多，但切不可错过其中一味，那就是阅读。

然而在如今这样一个知识经济时代和信息时代，传统的阅读精神却有失落的危机。表面上看，孩子们的书包越来越大，但实际上却离真正的阅读越来越远。因为里面装着的大多是应试升学的教辅教材，还有一小部分空间留给了消遣性或猎奇性的流行读物。另一方面，网络等电子媒体造就了所谓的“吞一代”，使一部分青少年满足于快速浏览各种繁多的海量信息，胃口很大但消化不足，甚至使他们丧失了“精读意识”，弱化了专注力和学习能力。与传统阅读相比，网上阅读很容易导致阅读的无目的化和求知的泡沫化，如果说传统阅读是一种路径和目的都很明确的精神之旅，那么网上阅读则往往是一种路径不明、收获不清的迷宫之旅，耗费了大量时光却收获甚微。此外，电视和网络等媒体所具有的信息“共时性”和“共享性”的特点，也容易使得未成年人快速跳过成长期，直接面对一个复杂、多元化的成人世界。这也在一定程度上加速了少儿的成人化和成长的模式化，导致他们在号称最讲个性的网络时代纷纷失去个性。

真正的阅读是高度个性化的，也是高度精细化的；是从容不迫的，也是冷暖自知的；是童年愉悦的放大，也是成长年轮的记录；是对自然和历史的探究，是与伟人和智者的对话，更是在潜移默化中逐步接受民族文化和先进文化的过程。

当前全社会都高度重视未成年人思想道德建设，如何构建青少年文化，也就成为一项意义重大的社会系统工程。构建青少年文化的目的，正是为了在青少年当中弘扬民族文化，传播先进文化，把他们培养成合格的社会公民和建设者。

任何一种优秀的文化，都要通过物化、具体化和有形化的形式，才能为人们所接受，才能深入人心。我们要充分认识到文化品牌的意义和价值，寻找适当的文化载体，摸索新颖生动的形式，更好地向青少年传播民族文化和先进文化。

共青团安徽省委主办的《少年博览》，是一个在安徽乃至全国都有着较高美誉度的文化品牌。自创刊以来，《少年博览》不断锐意进取，取得了显著的社会效益和经济效益。它以高度的责任感和使命感，以“带孩子看大世界，为孩子造小世界”的文化眼光，以“贴近时代、贴近校园、贴近读者”的文化姿态，以丰富的内容、精良的品质和创新的活动，成为青少年文化领域里的一股清新的力量。

新近推出的这套《少年博览》丛书，是对既有品牌的一次有效拓展，是对多年来办刊成果的一次集中展示，也是对编辑队伍的一次综合检阅。丛书的作者有的是杂志社的资深编辑，有的是刚走上工作岗位的新生力量，他们在繁重的采编工作之余，每人选定一个专门课题进行钻研并且笔耕不辍，丛书中的这些文字就是他们精心劳作的结晶。这种敬业精神和开拓意识无疑是值得提倡的。

这套丛书更是一次分享，和广大少年朋友分享阅读的滋味。犹太人为了从小培养孩子的阅读习惯，在书本上涂上蜂蜜，以此向孩子谕示“书本是甜的”。的确，阅读是甜蜜的，阅读是丰盈的，阅读是深沉的——这是我们每一个都应该认识到的真理，而且认识得越早越好。

（作者系共青团安徽省委书记）

人生为一大事来

李　瑞

人生为一大事来。

在漫长的历史长河中，能够留下自己痕迹的人凤毛麟角。但无论是伟大还是平凡的人，他(她)都可能是为某一件事来到这个世界的。或者说，这个世界总有一件事等着他(她)去做。

我们这一群人，似乎就是为了一本少儿刊物来到这个世界上的。它的名字叫《少年博览》。

1992年刚创刊时，杂志社只有“三个人，三张桌子，三万元”。由于“传播知识，引导人生”的办刊宗旨比较醒目大气，更由于我们为之付出了生命中最华彩的时光和最辛勤的努力，这本刊物慢慢地成长起来了。从最初的月刊、黑白印刷、2个印张，逐步发展到如今的半月刊、全彩色全铜版纸印刷、3个半印张，已经跻身于国内一流少儿期刊的行列，被誉为“一本让孩子开心，让家长放心，让老师省心的好杂志”。2001年，《少年博览》进入了中国首届一千家期刊方阵；2003年和2007年，两度荣获国内少儿报刊界最高荣誉——“中国优秀少儿报刊奖”金奖；2008年、2009年和2010年，又连续三年入选“新闻出版总署向全国少年儿童推荐优秀少儿报刊”。

虽然取得了一些成绩，但我们仍然像创刊之初那样，时刻保持着一种敬畏之心和新鲜之感。每当新的一期刊物出版，我们凝望着它，就像凝望着儿女刚刚出生时的脸庞，就像凝望那久别的故乡。我们深切地感到：一切仍然在进行时，而且永远在进行时。就像一棵大树，开过了灿烂的花，结下了丰硕的果，又竦身一摇，然后向着未来更遥远的时空，伸出了更繁茂的枝叶。

为了适应新新一代日益增长的文化需求，把生动鲜活的知识世界和丰富多彩的社会生活呈现给读者，目前《少年博览》的总体定位是:“一本杂志和它引领的快乐成长”。在办刊思路上强调快乐学习、快乐阅读、快乐生活,强调共同参与、共同体验、共同分享,在轻松欢快的氛围中达到“为学习加分,为成长加油”的目的。除了继续贯彻精品战略、切实提升刊物质量外,我们还有意识地向其他领域拓展,比如举办各种公益活动、推出各种文化产品,“读万卷书,行万里路”系列夏令营、新成长作文大赛、《少年博览》丛书等等由此应运而生……这些都从不同侧面,丰富了我们全身心投入的“大事”的内容,使之成为越来越厚重、越来越闪光、越来越让我们难以割舍的事业。

丛书中的四本各有侧重。《爱的早课》以倾听和解惑的亲和姿态,帮助少年朋友克服成长的烦恼;《翼的飞翔》着眼于素质培养,力求为少年朋友插上自主飞行的翅膀;《地的传奇》探索地球、生命、人类等多重奥秘,仿佛一场穿越不同时空的精彩旅程;《美的繁星》收藏了古今中外艺术瑰宝放射出的点点星光,堪称一次古典美和时尚美的综合洗礼。这是四个魅力不同的世界,希望少年朋友能徜徉其中,感受到成长的愉悦和知识的魅力,升腾起“激扬少年,博览天下”的情怀。

不是所有的人都能做自己想做的事,也不是所有的人都能把自己想做的事做成。我们做了,也一步步地做成了,并且还有继续去做更多的事的心情。这让人感到多么幸福!如果这套丛书也能像我们的刊物那样受到少年朋友的喜爱,我们的幸福将变得更有价值。

(作者系少年博览杂志社社长,第二届“叶圣陶奖”获得者)

目录

B 名画长廊

C 卡通偶像

国宝档案

新旧石器时代　约 170 万年前～约 4 千年前

【遥远的东方有一条龙——红山碧玉龙】

约公元前 4000～前 3000 年

新石器时代・红山文化

出土地:内蒙古赤峰翁牛特旗

馆藏地:中国国家博物馆

龙,是中华民族文明和精神的象征。每一个炎黄子孙都骄傲地自称为"龙的传人"。然而,这个神圣而厚重的龙文化究竟起源于何时何地?龙的原始形态是什么样子?千百年来一直都是个谜。直到红山碧玉龙腾出水面,人们才揭开了它神秘的面纱,窥见了"中华第一龙"的真面目。

红山碧玉龙曾被送往日本、美国、英国等各国展出,获得了如潮的好评。人们称誉它为“中华第一龙”、“华夏第一龙”和“天下第一龙”。仔细端详这件国宝，它是用一整块玉材雕刻而成，运用了圆雕、浮雕、浅浮雕等多种技艺，周身光洁滑腻。龙身上刻有猪首、马鬃和蛇身，因此又被成为“猪嘴玉龙”。在中国老百姓心中，龙是吉祥、智慧的象征，也是人与天沟通的媒介。神话传奇中，它甚至有主宰风雨、驾云飞天的神奇本领，充满着浓厚的神秘色彩。只见这条玉龙微微蜷曲着身体，似乎正在积蓄力量，马上就要腾空而起，直冲云霄。它的造型像是英文字母C，又像是甲骨文中的“龙”字，浑身上下都透着一股不可言喻的神圣和威严。

据专家考证，红山碧玉龙距今约5000年～6660年，象征了当时部落的图腾崇拜，是祭天时使用的一种特殊神器。它是中国年代最早、体积最大的龙形玉器，是龙文化的雏形。一时间，红山碧玉龙名扬天下、四海皆知，而各种各样的假玉龙也层出不穷。许多“山寨版”的红山碧玉龙，外形、光泽都和真玉龙十分相似，致使很多爱龙心切的人都上了制假者的当。想找出真正的中华龙吗？其实方法很简单！红山碧玉龙的背部有一个细小的穿孔，尺寸拿捏得异常精准。如果把细绳传入小孔，将龙身吊起，停止摆动后你就会惊讶地发现：玉龙的头尾始终处于同一水平线。无论制假者怎么模仿，都不能测算得如此精密，准确地把握穿孔的尺寸。只要你拿细绳一吊，假玉龙就失去平衡、原形毕露。面对古人的智慧，制假者只有忘“龙”兴叹、自愧不如。

【北冥鱼神，御风成鹏——人面鱼纹彩陶盆】

约公元前 5000～前 3000 年

新石器时代·半坡文化

馆藏地：中国国家博物馆

庄子在《逍遥游》的开篇，讲述了一个古老而瑰丽的鲲鹏传说。“北冥有鱼，其名为鲲。鲲之大，不知其几千里也，化而为鸟，其名为鹏；鹏之背，不知其几千里；怒而飞，其翼若垂天之云。”

文中的“鲲鹏”，是一种可以载入吉尼斯世界纪录的巨型生物，它好比《七龙珠》里的超级赛亚人，是鲲和鹏两种神物的合体。古代神话中，曾记载过这只鲲鹏的来历：五方天帝列下有五位臣子，分别掌管四方四季。其中北方天帝的臣子冬神玄冥，能逢川化鲲、御风成鹏。他的形象便是手持秤砣、人面鱼身。让我们大胆设想一下——人面鱼纹盆底的神秘图案，是不是古人对玄冥的素描呢？

人面鱼纹盆是葬具的一种，由细泥红陶制成，敞口卷唇。盆内壁有两组对称的黑彩人面鱼纹，因此而得名。人们先用红黑赭白等色将图案绘在陶器上，再进行烧制。这样加工而成的彩陶，无论多久都能鲜艳如新。绘在盆底的人鱼合体，眼睛细而平直，鼻梁挺直，神态安详；头顶有一个尖尖的发髻，佩戴着鱼鳍形的装饰，显得威武华丽。远古的半坡人在河谷阶地营建聚落，过着以农业生产为主的定居生活，兼营采集和渔猎。夸张的鱼纹装饰正是半坡人真实生活的写照，象征了族人丰收繁衍的渴望。

【童年彩绘——鹳鱼石斧纹陶缸】

约公元前 5000～前 3000 年

新石器时代·仰韶文化

馆藏地：中国国家博物馆

苍茫的原野上，几个矫健的身影拨开齐腰深的野草，飞快向前潜行。前方，一大群野鹿正在悠闲地散着步。这片土地上生长着肥美的植物根茎和野花草籽，吸引了成群的野鹿前来觅食。如果今天运气不错，猎杀到一头健壮的成年野鹿，那全族老小都可以美餐一顿了——想到这，众人的脚步跟得更紧了。

野草拍打石斧发出哗哗的声响，惊动了鹿群。猎物们四下逃散，一会儿便没了影。人们跟着野鹿追赶了一会，再也跑不动了，坐在地上大口地喘着粗气。懊恼的情绪，让所有人都沉默不语。忽然，一阵潺潺的流水声打破了沉寂。众人抬头望去，不远处，一条清澈见底的溪水绕坡而过。夕阳跌落在水面上，碎成了一片灿烂的金色。溪边立着一群奇怪的白鸟，腿细而修长；它们静静地俯视着水底，突然迅猛地一伸脖，口中便多了一尾肥硕的活鱼。鱼儿使劲摆动尾巴，想挣脱白鸟的利嘴；溅起的水珠落在白鸟的翅膀上，顺着光洁的羽毛又滴落回溪水里去了。

当晚，猎人们有说有笑地回到部落，心情似乎比平日更愉快。有什么可懊恼呢？夕阳晚照，鹳鸟清溪——我们已经收到了大自然最好的补偿。

陶缸在仰韶文化中十分多见，是先民用来盛放遗骨的翁棺，又叫伊川缸。可河南临汝阎村出土的这件陶缸却与众不同，缸上生动有趣的《鹳鱼石斧图》，被誉为中国写意花鸟画的鼻祖。古人妙手偶得的一笔，意味着华夏民族的艺术气质开始萌芽。

【先人踏歌——舞蹈纹彩陶盆】

约公元前 3300～前 2050 年

新石器时代·马家窑文化

馆藏地:青海博物馆

舞蹈纹彩陶盆的内壁,生动描绘了当时人们狩猎的舞蹈场面,是迄今舞蹈人物最多的一件文物。他们手拉着手,整齐协调地迈动舞步,配合节奏将野兽赶入陷阱。欢快的气氛,预示着狩猎行动的胜利。当然,这种狩猎战术仅适用体型偏小的野兽,大型猛兽才不吃这一套。倘若它发起飙来,就算你跳迈克尔·杰克逊的太空步也无济于事。不过,兵来将挡,水来土掩。画面上,人们扎起小辫当做“尾巴”,乔装成野兽群起围击。好汉不吃眼前亏,遇上一大群“野兽”的猛攻,再难缠的对手也会闻风丧胆,束手就擒。

值得赞叹的是,陶盆利用水的折光作用使跳舞的人像倒映在水中,造成一种动态的视觉美感,令人拍案叫绝。

【亦正亦邪——陶鹰尊】

约公元前 4300～前 3600 年

新石器时代·仰韶文化

馆藏地:中国国家博物馆

尊为古代的盛酒器。器物造型与鹰的形状浑然一体,如一只蓄势待发的猫头鹰。鹰的两腿空心,尾巴下垂落地,自然地形成"三足鼎立",既加大了容量,又使其具有稳定性。新石器时代以鸟类造型的陶器目前仅见此一件,是原始制陶工艺的杰作。1993 年北京首次申办奥运会时,萨马兰奇主席亲自挑选七件能代表中国悠久历史和灿烂文化的文物,送往洛桑奥林匹克博物馆展示,陶鹰尊当选为文物形象"大使"。身为国宝"七君子"之一,它在申奥展会上为我国赢得了极高的赞誉。

可是,陶鹰尊所描绘的动物原型猫头鹰,却没有这么幸运。在原始社会，人们十分惧怕黑夜和猛兽。而猫头鹰夜间活动能力极强，能矫健地捕杀猎物，因此被敬奉为高贵神圣的图腾。但好景不长，自战国时代起，人们逐渐将它视为不祥之兆，无情杀戮。如今，科学已证明猫头鹰是一种对人类无害的益鸟。回首往日的荣耀和伤痛，一切都已烟消云散。猫头鹰潇洒地一摆头：飞自己的路，让别人说去吧！

【果汁分你一半——彩绘联体杯】

约公元前 4300～前 3600 年

新石器时代・仰韶文化

馆藏地：郑州市博物馆

可爱的彩绘“合卺杯”，是不是让你的脑海浮现出很多甜蜜的联想？

战国时期的人们，结婚时已经有喝交杯酒的习俗。战国楚墓中曾出土过相似的彩绘联体杯，是专用来盛装交杯酒的器具。然而，河南大河村遗址出土的这件唯一的彩陶联腹壶，造型新颖奇特，像是两个衣裳鲜艳的胖娃娃，正手牵着手冲人们笑眯眯地张望。它也是用来盛装新人们的幸福之酒吗？人们无法从历史中找到肯定的答案。没准，古代英雄好汉“桃园结义”，它照样能派上用场呢！

夏、商朝　约公元前21世纪初～公元前17世纪初

【展翅欲飞上九霄——二里头铜爵】

夏·约公元前2070～前1600年

馆藏地:中国国家博物馆

遥想尧、舜当年,社会远不如现在发达,国民生产总值(简称GDP)更是屡次跌破历史最低水平。尧、舜虽然贵为部落首领,但生活条件不比普通人强到哪里去。平日掌管部落大小事务不说,遇到洪水泛滥、干旱饥荒等天灾人祸,还要身先士卒,带领族人与灾难做斗争——想当个好首领,绝对是一件劳心劳力的苦差事。所以,禅让王位不仅能让自己得到"高风亮节"的美誉,又能趁机享享清福、安度晚年,称得上两全其美之策。

公元前2100年前后，夏禹在治水中脱颖而出。他本着“肥水不流外人田”的原则，改“禅让”为“世袭”，把大权传给了自家的宝贝儿子。自此，中国开启了“家天下”的时代，夏朝成为我国历史上第一个奴隶制国家。自从当了王，不仅衣来伸手、饭来张口，而且餐餐大鱼大肉、日日美酒佳酿，第一次品尝到“万人之上、唯我独尊”的甜头，夏王感觉良好极了。由于消费者对酒的需求增加，酒器也获得了极大的发展。二里头铜爵，正是我国迄今为止最早的青铜酒器之一。

“爵”，一个优雅而绅士的名字，与生俱来有种精巧高贵的翩翩气质。它是奴隶主宴请宾客时使用的酒具，三尖足，圆腹底，前有行云，后有流尾，犹如一只凌空展翅的小小云雀，备受统治者喜爱。爵刚刚问世的那会儿，并没有一个响亮的名字，还是擅长诗词文赋的宋朝人，用灵巧的“爵”字帮它点出了灵魂。云雀式的酒杯造型一直被沿用至今，幸亏古人没有“知识产权”的概念，否则咱们早就侵权啦！

爵在商朝更加红极一时，人们通常将它与觚等酒器配合使用，直到西周早期，它才逐渐走向没落。周武王吸取了商人酗酒亡国的惨痛教训，爵也因此受到牵连，被打入“冷宫”。当它再次出现在世人面前，已经是几千年后的事儿了。云雀依然凌空展翅，从中我们似乎能感受到先人把酒言欢的酣畅淋漓。

【刻在龟甲上的故事书——刻辞甲骨】

商晚期·约公元前1300～前1046年

馆藏地:中国社会科学院考古学研究所

有首儿歌这样唱道:“打雷要下雨,下雨要打伞,天冷穿棉袄,天热扇扇子——智慧就是这么简单。”没错,这些看似简单的生活细节,把它们搜集、整理并记录下来,就是人生智慧的全部。

在3000多年前的商朝时期,科学技术发展非常落后。那时候全社会的认知水平和现代人相比,几乎处于幼稚园小班的状态。人们对大自然和社会生活中的诸多现象,都充满了好奇和向往,却又无法合理地解释事物发生的原因。太阳为什么会东升西落?一年四季为何周而复始?人们只能“知其然”,而“不知其所以然”。不过不用灰心,咱们原原本本、完完整整地把这些内容记录下来,总能从中发掘出一些看不见的规律。可是在什么物品上记录,既能保存时间长久,又能携带方便、便于阅读呢?

甲骨是一种民间常用的药材，把它捣成粉末状，洒在刀伤、擦伤的伤口表面，能够起到止血的医疗效果。看着这一片片薄薄的龟甲，商朝人灵机一动——这不是用来记录的最好材料吗？于是，人们选择了乌龟的外壳以及与它相似的兽骨，也就是我们所说的“甲骨”。乌龟的甲壳是由背甲和腹甲两部分组成，用来刻字的较多是腹甲，因为腹甲比较平整，比起在其他坑坑洼洼的“龟壳书页”上书写要容易得多。兽骨主要是牛的肩胛骨，面积宽阔，往往是平整的一大块。其他甲骨要用三块才能写完的内容，牛骨只需一块就能轻松搞定。在已发现的 15 万片大大小小的甲骨书上，我们可以了解商朝衣食住行、天文地理各个方面的情况。从倾国之力的外交、战争，到声势浩大的狩猎祭祖，上至统治者的生平简介，下至寻常百姓的鸡毛蒜皮……俨然是一本洋洋洒洒的殷商历史百科全书。

请大家翻到“殷商大百科全书”的第 N 页，我来为大家翻译一下甲骨上的内容：某年某月某日，某某人种了某某某粮食，获得了好收成；某时某分某刻，某地刮了一阵大风，紧接着下了一场暴雨，雨过天晴后竟出现了一场罕见的日蚀；当地百姓没有来得及避雨，浑身被淋成了落汤鸡，冷得直打哆嗦；这时候，突然间日月无光、昏天暗地，可怜的百姓又惊又怕，其中有五人得了一场大病……字里行间，3000 多年前黄河流域边的华夏子民，已经向我们打开了通往商代的一扇窗户。

【诗经有云，动物凶猛——青铜兽面兕觥】

商代晚期·约公元前1300～前1046年

馆藏地：山西博物院

喜爱《诗经》的同学，对“兕觥（sì gōng）”这个名字并不陌生。《诗经》是我国第一部诗歌总集，收录了西周初年至春秋中叶五百多年的诗歌，共311篇。在这部洋洋洒洒的诗歌大观中，曾多次提到“兕觥”一词。《卷耳》中曾这样写道：“我姑酌彼兕觥”，“兕觥”指是什么意思呢？

“兕觥”两个字笔画复杂，写起来颇费功夫。稍稍有点笔误，就变成了两个“四不像”。不过，瞧它这副不伦不类的长相，也许真是“四不像”哪门子的远房亲戚。“兕觥”其实是一种商代酒器的名字，曾被商代人当做神圣的礼器。和“四不像”一样，它的造型也是由几种动物组合而成。用青铜铸成的脑袋，模仿弯弯的犀牛角向上高高昂起；龙身、龙首、龙口，透着一股傲视天下的霸道劲儿，咧开的大嘴中露出两排森森锯齿，牙齿间隙用来注入美酒，健美的腹部是美观实用的盛酒工具。

在器身两侧，装饰有夔(kuí)纹和鼍(tuó)纹，交错变化，纹饰生动。夔和鼍也是猛兽的名称，夔是一种传说中的凶恶蛟龙，而鼍就是今天的珍稀动物明星——扬子鳄。这两个龇牙咧嘴的家伙盘踞在酒具左右，头部向后倾仰，形成了两个天然的把手。人们用绳子穿过两侧把手，便可以将“兕觥”提起挂在墙壁上。这样有趣奇特的造型，是不是充满了想象力呢？

【再续一杯英雄酒——商代嵌绿松石象牙杯】

出土地:河南安阳殷墟妇好墓

馆藏地:中国历史博物馆

提起我国历史上赫赫有名的巾帼女豪杰,你能数出几位?替父从军的好女儿花木兰,英姿飒爽的女将军穆桂英,战功卓越的民族英雄秦良玉……数来数去,你还漏掉了一位重要人物!她是商朝武丁王的妻子“妇好”,中国历史上第一位女将军,殷墟甲骨文中曾详细记载了她的英勇事迹。妇好将军常常带兵打仗,比男子还要英勇善战,善于谋略。在一次与强敌的恶战中,她率领的部下多达13000人!商朝时期军队兵力十分有限,但妇好却能独自统领万人大军,她的军事才能果然非同一般。

妇好将军生前为国家立下了汗马功劳,在她去世后自然得到了隆重的厚葬。如果不是亲眼所见,人们很难想象这只巧夺天工的象牙杯竟然来自妇好将军墓,距今已有3000多年的历史。在墓中,考古人员一共发现了三件象牙杯。它们整整齐齐地陈列在墓室中央,似乎静静等待着美丽勇敢的女主人再次醒来,与三军将士把酒言欢。端起其中一件镶嵌有绿松石的象牙杯,你一定会目瞪口呆——好大的酒杯!原来这只象牙杯的主体,是用靠近象牙牙根的部分制成的。难怪比咱们的小腿肚还粗上一圈!

猜猜看,制作整只象牙杯一共花费了多少块象牙?告诉你吧,杯身、杯把分别是一段,杯底的部分又是一段。工匠分别将它们雕刻完好,然后拼接在一起,一只完美的象牙杯就这样诞生了。

象牙杯的外形和今天的水杯相似,有30.5厘米高,中部空心,用来盛装美酒。工匠们先在杯身上刻满复杂的花纹,再将绿松石一点点嵌入凹槽,形成绿彩莹莹的条纹。在细密低凹的雷纹之间,颗颗松石闪烁出瑰丽醒目的光彩,带着点神秘,带着点绮丽……你是不是已经被它的美灌醉了呢?

【铜鼎上的"人脸"——商代人面纹铜鼎】

出土地:湖南省长沙市毛家桥仓库

馆藏地:湖南省博物馆

考古人员小心翼翼地辨别出埋葬坑的位置,终于打开了这座已经尘封千年的商代古墓。望着眼前各式各样的陪葬品,每个人都激动不已。正在众人屏息凝神的节骨眼儿上,竟然发生了一件意想不到的恐怖事件——有位考古队员被一块凸起的物体绊了一下,疼得龇牙咧嘴。他没好气得扭头去瞧,那昏暗不明的光线下,突然从尘土中冒出一张巨大的人的面孔。只见它不自然地向上扯动嘴角,露出一副皮笑肉不笑的诡异表情,喉咙深处传出几声"嘿嘿"的干笑……我的妈呀!

咦,刚刚听故事的人怎么一个也不见了?哎,这事儿都怨我。谁让我把发现人面纹铜鼎的故事说得冷气森森,当然把大伙都吓跑啦！虽然人面纹铜鼎的造型有点古怪，但它可是商代万人敬仰的尊贵神器。人面纹铜鼎的发现过程，更没有前面描述得那么阴森恐怖，而是1959年湖南省博物馆的工作人员，从长沙市毛家桥废铜仓库中无意挑拣出来的。当时，人面纹铜鼎已经碎成了九块，四只脚也只剩下了三只。直到人们在株洲冶铁场里发现另一只鼎足，又经过考古人员精心修复，这才使铜鼎恢复了往日的光彩。

沉甸甸的大鼎，上面有两只铜耳，便于提携；下面长有四足，可以加温，如果用它来生火做饭，一定是个不错的选择。其实，鼎原本是古代烹煮食物的一种炊具，用来炖煮和盛放鱼肉。相传大禹建夏以后，收九牧之金铸成九鼎安置在荆山脚下，以象征天下九州。鼎壁上镌刻满了魑魅魍魉的图案，提醒人们时刻保持警惕，防止被妖魔鬼怪所伤。打这儿起，鼎便成了传国重器、权利象征。人们对鼎的使用进行了严格规定：士用一鼎或三鼎，大夫用五鼎，皇储皇室天子才能用九鼎。祭祀天地祖先时，必须行九鼎大礼。

人面纹铜鼎上的四张面孔，各个五官齐全、眉目清晰，与我们的模样几乎没什么差别。不过，仔细观察你会发现，在人面两侧有两只夸张的大耳朵，耳朵四周分布着弯曲状的手爪纹饰。原来的人面经过艺术加工，立即让人联想到传说中的人面兽身怪物和商朝大巫师，让整只铜鼎充满了朦胧的神奇迷幻色彩。虽然秦王灭六国、统天下以后，象征九州的九鼎不知去向，但“鼎”在人们心中的地位再也无法撼动。

【满城尽带“黄金甲”——三星堆雕塑群】

商朝中晚期

出土地：四川省广汉三星堆

馆藏地：三星堆博物馆

每一个民族都曾有过一段神秘的远古文明。每一个民族的人们都曾编织过登天的梦想。

怎么才能找到登天的路呢？在我国四川省的西南地区，曾经坐落过一个精通青铜铸造工艺的国家——古蜀国。身为国家的最高统治者，古蜀国王也曾为这个难度系数百分之百的问题发过愁。听王国里德高望重的巫师说，在天地中心生长着一株高耸入云的大树。它的根系深深扎入地下，枝叶高高延伸到天宇，众神就是借这把参天“神梯”上天入地，来去自如。

按照想象中的模样，大胆的古蜀王立即命人制造出了一株仿制的青铜神树。虽然没有传说中的耸入云端，但是也足有五米左右，有两层楼那么高，是迄今为止发现的最大的青铜器。既然是棵神树，当然要制作得精致华美，气势不凡。圆形的大树底座饰有云气图纹，仿佛大树正矗立在仙云缭绕的山峦之中。青铜镂空的树干上面生长着三层树枝，每层都有三根枝桠，颗颗熟透的鲜果几乎将枝头坠弯。九只神气活现的神鸟站在枝头，似乎正在打鲜果的主意。枝桠上还倒挂着一条栩栩如生的龙，剑状的羽翅仿佛还在微微抖动呢！古蜀王让巫师们在神坛上日日祭祀、夜夜祈祷，希望有一天能顺着“神梯”爬上九霄外的天宇，好好地观光游览一番。

至于后来古蜀王天外飞仙的梦想有没有实现，我们无从得知。不过从商朝遗留的青铜雕塑来看，古蜀国王似乎真的到外太空走了一回，还看到了神秘的外星生物。你瞧这个巨大无比的青铜面具：宽阔的额头和眉毛，嘴角几乎翘到耳根，蒲扇似的大耳朵支楞在脑袋两旁，扁平方正的脸庞似笑非笑，一双眼睛更是个性十足——狭长的眼球竟像两根柱子向外高高凸起。也许，他们就是传说中的“千里眼、顺风耳”了。而另一旁的青铜人装束更加先进，它头戴圆圆的发箍，似乎是能360度灵活旋转的现代望远镜；头顶的冠形物高高竖起，好像一根遥感天线，正在接受宇宙传来的神秘信号。在它左右，还立着几位“金甲神人”，脸上的黄金面具

耀眼夺目，比动漫里的黄金圣斗士还要气宇不凡。这些雕像描绘的究竟是何方神圣？考古学家至今还未找到答案。

【“青蛙王子”变形记——商四羊方尊】

出土地：湖南宁乡

馆藏地：中国国家博物馆

在中国国家博物馆的各件展品中，四羊方尊算得上一位大“明星”了。它曾漂洋过海，多次参加世界级文物展览，让金发碧眼的外国专家围着它团团转。可是当它回忆起曾经的艰难岁月，你一定不会想到——这件无价国宝的一生竟然如此坎坷多舛。

很多精美完整的古代文物，刚出土时并不和我们现在看到的一个样儿。虽然它们曾经被主人视为珍宝、小心珍藏，但随着主人的离去，它们也被埋入了漆黑潮湿的地下。有的被石头磕碰出裂口，有的被雨水腐蚀成灰……一些“幸运儿”有机会重见天日，但不少已经变成一堆不起眼的烂木头、废铜块，再也不见了昔日风采。商代酒器四羊方尊也是如此。1939 年日军在沅陵展开大型轰炸，把埋在附近的它震碎成了一堆破烂铜片，随便扔弃在一家银行的库房中。新中国成立之后，湖南考古人员发现了身负重伤的四羊方尊，立即对它进行“紧急救援”。他们请来全国闻名的文物修复技师，为四羊方尊查看伤势。

当专家第一时间赶到四羊方尊身边，不由得眉头紧锁、愁上眉梢。四羊方尊毁坏程度非常严重，要想把它完全复原，简直比登天还难！恐怕只有请金庸笔下的易容大师出马，才能挽救这件一级国宝了。不过再难也要试一试！多位文物修复技师通力合作，按照铜片碴口、花纹一一精心拼对、焊接，再把接口处的颜色填补完全——拼图游戏大家都玩过吧？修复师的工作相当于难度系数 NO.1 的拼图游戏！经过无数次大小“手术”，四羊方尊又恢复了昔日的容貌，用肉眼根本看不出破碎的痕迹。只有用科学仪器对它进行透视，才能发现一道道伤痕。

修复完全的方尊，全身遍布着鱼鳞纹、云雷纹等十余种花纹，工艺精美。其中，四角各伸出一只微微抬起的羊头，这就是“四羊方尊”名字的由来。羊在古代生活和祭祀大典中十分常见，特别是祭天、祭地、祭祀神灵的重大场合，必须有羊作为祭品，才算达到规格。羊羔跪乳、三阳开泰……“羊”代表着感恩明理、吉祥如意。方尊上一口气铸了四只活灵活现的羊，怪不得它深受人们喜爱呢！

西周 公元前 1122 年～前 771 年

【历史不说谎——青铜利簋】

西周武王 · 公元前 1046～前 1043 年

出土地:临潼零口乡西段村

馆藏地:中国国家博物馆

月亮已经落了下去,遥远的东方,启明星正在升起。武王帐下的一名史官抬头仰望明朗的星空,兴奋地将此时此刻的星图详细记下。不远处,是纣王仅剩的十七万大军。然而,在武王和姜子牙眼里,这十七万人和麦田里待割的庄稼无异。

“等的就是这一天了……”武王深吸了一口气,对身后的姜子牙等众将领使了个眼色。姜子牙向武王作一揖，转身下令："擂鼓！冲阵！"

鼓声响起。

低沉的鼓声像是从心底响起，一下又一下。很快，每个人的脚步从一开始的凌乱，逐渐变成同一个声音。三千将士整齐踏步前行，在这寂寥静谧的清晨听来如此震撼人心。紧跟其后，是姜子牙亲自统帅的三百兵车。车轮隆隆碾过，如同死神发出的怒吼，无情碾碎了商军最后一丝求生的勇气。只见三千人马迅速插进原本就不严整的商军布阵，似乎一块石头猛地落入潭水，在朝阳中溅起艳丽夺目的水花。整个商军布阵被瞬间打散，犹如落水时的波纹，向四周荡漾开去……

这是电视剧《封神榜》中的一段情节，再现了商周大战时的场面。然而历史不是拍电影，而是真真切切发生过的史实。《史记》曾提及武王伐纣一事，但克商之战的细节一直众说纷纭。根据前代文献来看，我们唯一能肯定的是战役的两位主人公——周武王和商纣王，以及战争地点位于"牧野"。至于战役细节，各种说法纷乱复杂，历史文献中彼此矛盾的地方不计其数。直至西周利簋(guǐ)重见天日，武王克商之战的真相才渐渐浮出水面。

簋，用来存放煮熟的米饭粮食，大多作为祭祀时的礼器。而西周利簋却不止"礼器"这么简单，它是目前为止发现时代最早的西周青铜器，也是西周初年金文中叙述武王伐纣的唯一珍贵史料。利簋底部铸有铭文 4 行 32 字，认真描述了武王伐商前的天气情况——甲子日凌晨岁星正当其位，利于征伐。战胜商朝八天后的辛未日，武王在军队驻地赏赐贵重金属铜给有功之臣"利"。于是，"利"用青铜铸造宝器，来纪念这件值得骄傲的事。"历史不会说谎"，利簋是唯一一个历史的见证者，它忠实记录下了当时的真实状况，令世人心服口服。

【将军挑灯寻宝盘——虢季子白盘】

西周宣王·公元前 827～前 782 年

馆藏地:中国国家博物馆

请问,西周周宣王留下的这个"大家伙"在古代有什么用途呢?

选择一,周宣王洗澡的浴盆;选择二,栽盆景的大花坛;选择三,宠物鱼的豪华鱼缸;选择四,喂御马的马槽……嗯,仔细斟酌一番后决定啦,选择四!

祝贺你,还真让你说对了!不过,你只说对了正确答案的一半——这只名为"虢季子白盘"的青铜器看似笨重,来历可非同一般!"盘"是我国商周时期流行的一种盥洗器具。以往考古发现的铜盘大多数是圆形的,而类似虢盘一样四四方方的却很少见。它长近四尺、重达四百余斤,是西周青铜器中当之无愧的"老大哥",与散氏盘、毛公鼎并称为西周三大青铜重器。虢季子白盘最珍贵的地方,是盘内底部中央铸有的 8 行 111 字铭文。当考古人员把铭文上的内容翻译成白话文，人们这才恍然大悟——原来，它是虢文公为自己铸造的一座“纪念奖杯”。究竟有什么事儿，值得虢季子如此高兴？

铭文中记载道，虢季子是西周周宣王统治下的一位诸侯。从“虢季子”三个字里，我们能得到关于他身世、家庭方面的一些基本信息。这位诸侯很荣幸，在有生之年受到了周宣王的加封，赐姓为“虢”；“季”表明他在兄弟中排行老三，和季军的“季”意思相同；“子”则是古代一种流行的尊称，“老子”、“孔子”、“庄子”、“孟子”……用来表达对他人十二分的尊重和敬意。人们把象征这位诸侯王姓、排行、地位的三个字眼拼合起来，就组成了诸侯的姓“虢季子”。这位姓“虢季子”的西周贵族，名叫什么呢？他的名字简单好记，只有一个字——“白”。这下，你明白人们为什么称呼它为“虢季子白盘”了吧？

周宣王十二年（公元前816年），诸侯虢季子白身负宣王重托，率领大军在洛河北岸和敌人打了一场恶战。和他兵戎相见的对手不是外人，正是炎黄民族的“老冤家”犬戎族。犬戎族在中国历史上是出了名的“不好惹”，他们把凶猛的白犬视作部落图腾，部落首领猃狁（xiǎn yǔn）更是彪悍野蛮，手下的部族个个人高马大，精于骑射。面对虎视眈眈的敌人，虢季子白毫不畏惧，打了一个漂亮的大胜仗，猃狁只得领着残兵败将四下逃窜。听到西周军队大获全胜的好消息，宣王心花怒放、喜不自胜，立即为虢季子白举行了隆重华丽的庆功仪式。庆功宴上，周宣王亲自为立功将士接风，赏赐了不计其数的马匹、斧钺、彤弓、彤矢。周宣王的嘉勉让虢季子白终身难忘，他特意命工匠铸造铜盘，以纪念这件令人骄傲的战事。

既然虢季子白盘是一件鸿器重宝，怎么又成了喂马槽？这其中还有一个将军挑灯夜寻宝的有趣故事。

清同治三年（公元1864年），时任直隶提督的淮军将领刘铭传，随李鸿章镇压太平军。这年初夏，刘将军率军攻取了常州城，当晚便在太平天国护王府内落脚。夜深人静的夏夜，庭院内一片万籁俱寂，刘铭传正在灯下埋头读书，忽然听见夜色中传来几声轻灵悦耳的金属叩击声，声音不大，却像一束强光瞬间穿透了黑暗。刘将军浑身一个激灵，立即举起蜡烛四处寻找。终于，他找到了声音的来源——是马儿吃草时，笼头上的铁环碰到马槽发出铮铮清响。刘将军俯身细看，只见马槽硕大无比，槽壁在烛光中发着深沉的幽光。伸手一探，重不可举；轻轻叩动，发声清远。刘将军心里有数，这哪里是马槽，这分明是个好宝贝啊！举世闻名的虢季子白盘就这样重现天日了。

【我是一只小小鸟——太阳神鸟金箔】

晚商至西周

出土地：四川省成都金沙村

馆藏地：金沙遗址博物馆

有这样一则古代谜语："画时圆，写时方，东时短，夏时长。"打一位几乎每天与你碰面的老朋友。

这道谜语对聪明的你来说，是不是太简单了？没错，谜底就是"日"，也就是太阳。古人对太阳的崇拜程度，比今天任何一位大明星的忠实"粉丝"都狂热。但限于远古时代的科学水平，人们还不能正确认识、了解太阳，只得将它神秘化，甚至把太阳视为众神之主。世界上最早开采使用黄金的古蜀人，留下一片精美绝伦的太阳神鸟金箔饰，内径 5.29 厘米，厚 0.02 厘米，向我们透露了有关太阳的神话故事。

据说，太阳住在一座高大巍峨的深山中，人们把这住满神灵的大山称作"昆仑山"。山顶生长着一株名叫"扶桑"的参天大树，那就是太阳落脚的地方了。太阳每天东升西落，似乎在天空不停奔走，于是，工匠利用娴熟精湛的锤揲与切割技术，把金箔上的太阳化成一个旋转的火球。你数数看，它一共放射出多少道光芒？1、2……一共 12 道！古蜀人已经懂得把一年分成 12 个月，而且有了春夏秋冬的四季划分。

太阳身边还盘旋着四只头尾相连的神鸟，这队"神鸟组合"可是太阳的好搭档！古人认为，太阳没有飞行能力，每天必须搭乘"固定航班"巡行天空。那么，"航班"飞行员是哪位呢？有人说是金鸟，有人说是阳鸟，还有人说是三足鸟……为此，古人争论不休，众说纷纭。

事实上现代科学告诉我们，太阳的表面温度高达摄氏 6000 ℃左右，哪只胆大包天的鸟儿敢靠近它？可咱们的祖先却一口咬定，有只鸟儿在背着太阳飞行！原来，太阳内部的物质不断进行着剧烈运动，有时候还会在表面刮起一股强烈的"风暴"。由于"风暴"的温度比它附近的温度要低，因此"风暴"地区的太阳光芒就显得幽暗一些，而且幽暗的形状、存在时间都各不相同。或者几天，或者几个月，甚至一年，天文学家把这种现象称为“太阳黑子”。这天，我们的祖先仰望太阳的时候，惊讶地发现太阳上面莫名其妙的黑了一大块。仔细辨认，那块黑乎乎的斑点像是一只翱翔的飞鸟，于是太阳和飞鸟的友谊故事便流传开来。古人还把这件事记入了史书、画入了帛画，西汉马王堆墓中出土了一幅丝织帛画，画中的太阳中间就侧立着一只全身乌黑的三足鸟。

春秋战国　公元前 700 年～公元前 211 年

【风萧萧兮剑气寒——勾践剑】

春秋·公元前 770～前 476 年

出土地:湖北省江陵

馆藏地:湖北省博物馆

2500 多年前,杰出的铸剑能手欧冶子望着手中的青铜宝剑,像是捧着全世界最宝贵的财富,嘴角带着一丝微笑,眼中却泛着闪闪泪光。这把剑是越王勾践剑。公元前 473 年,越王勾践提剑发兵,吴王夫差含恨自刎,越国一雪前耻。这把剑是越王勾践剑。1965 年湖北省江陵望山楚墓,考古人员在挖掘过程中,发现了一柄沾满泥土的古剑。拔剑出鞘,寒光耀眼。剑锋轻轻带过,竟然瞬间划透了 20 张厚厚的复印纸——这把剑还是越王勾践剑。

越王勾践剑一经发现，立即轰动了全国。烟雨江南，吴越之地，自古便是剑气纵横之所在，以精绝的铸剑技术而名闻天下。“吴戈越剑”不仅为时人所艳羡，美名也留传千古，为历代仰慕。吴、越两国涌现出欧冶子、干将、莫邪等举世无双的铸剑能手，吴、越铸造的名贵青铜剑，坚韧锋利，威披天下，声震各诸候国。你看，勾践剑剑身呈紫黄色，布满了黑色的菱形纹饰。剑面锃光闪亮，丝毫没有一点锈迹，光泽如同新铸成的一般。在剑柄与剑刃相接的地方，正面用蓝色琉璃、背面用绿松石，镶嵌成精美大方的花纹。仔细观察，在剑身靠近把手的部位，还有两行鸟篆体错金铭文：“越王勾践，自乍甬剑。”字体大小一致、线条优美，古人的错金工艺和书法技巧真是令人咂舌！这把青铜宝剑穿越了 2500 年的时空重现人间，剑身却丝毫不见锈斑，光泽如新。古人究竟在剑身上使了什么神秘的魔法？

经过研究，专家们得出了种种结论。有人认为，“千年不锈”是因为剑的材质与众不同。青铜器的主要成分是铜，《周礼·考工记》上曾记载：越王勾践剑的含铜量约为 80～83%。而铜是一种不活泼的金属，因此在常温下不容易生锈。也有人认为，“千年不锈”是因为剑身经过了防腐处理。春秋时代的人们已经掌握了金属铬盐处理技术，只要在剑身表面镀上一层极薄的铬，就能保护古剑至今如新，锋芒逼人。还有学者认为，“千年不锈”在于保存环境的优异。勾践剑出土于湖北省江陵望山楚墓。这座墓室葬深埋在数米的地下，好像一个密闭的密室，隔绝了与外界的空气交换。而且，这里还长期浸泡着地下水，室内空气含量更少，有利于金属物品的保存。

【当茶几遇上杯具——云纹铜禁】

春秋中期・公元前 620～前 467 年

出土地:河南淅川下寺

馆藏地:河南博物院

云纹铜禁,是我国迄今发现用失蜡法铸造的最早的铜器,工艺精湛复杂,令人叹为观止。铜禁的主人,是 2500 多年前一位名叫“王子午”的楚国贵族。而王子午的老爸,正是春秋五霸之一——“一鸣惊人”、“问鼎天下”的楚庄王。

铜禁,还是铜镜?这可不是古人的笔误哦,而是两样完全风马牛不相及的物件。铜禁,是一种青铜铸造,原本用来盛放酒具的案子。它的作用和今天的茶几差不多。这让人不由自主想起一句网络名言:“人生就像茶几,上面摆满了杯具(悲剧)。”这句话正触动了铜禁的伤心事。说起自己的过往,的确应了“悲剧”二字。

它起于天下太平的西周初年,灭于兵荒马乱的战国时代。那会儿,人们对酒的喜爱超过了任何一种果汁饮品,仅仅动物造型的酒具,就可以凑成一座规模巨大的珍奇“动物园”。不过酒这玩意儿,一旦上瘾就不好办了。馋嘴的酒鬼们总能找出一千零一个理由来申辩酒的好处，而且说得振振有词，硬是坚持不肯戒酒。

但头脑清醒、明辨是非者还是大有人在。西周时期，统治者忙着分封诸侯、富民强国。安享太平的同时，人们开始反省夏、商末代国君亡国的原因。荒淫无度，沉迷酒色，不问政事，昏庸无能……林林总总，数不胜数。假如夏桀和商纣王在世，听到后人对他们竟作这番评价，一定会当场气绝身亡。

经过激烈讨论和深刻反思，人们得出了一个结论：夏商之所以完蛋，在于酗酒！

于是，周公颁布了中国第一部禁酒令——《酒诰(gào)》，只允许在祭祀等特殊场合少量饮酒。从此之后，无论是谁都乖乖遵照禁酒令的规定行事，绝不敢乱来。而奢华贵重的盛酒茶几，也因此受到牵连。它被周公视为禁酒改革的“反面教材”，再也不能在歌舞欢宴上登场。周公将它改名为“铜禁”，只有祭祀时才会露面，摆在庙堂上供大家瞻仰缅怀、以示警戒。

【地下交响乐团——曾侯乙编钟】

战国早期·公元前475～前338年

出土地:湖北省随县擂鼓墩

馆藏地:湖北省博物馆

从它的名字我们可以得知——这是一位名叫曾侯乙的人的编钟,属于曾侯乙的个人财产。那么,“曾侯乙”又是何许人也?

在连年混战的战国时期,下层老百姓生活十分艰难,整日担心冬天有没有御寒的衣服,第二天能不能填饱肚皮,下一秒会不会遭受战乱牵连,日子过得朝不保夕。但这位曾侯乙就不同了,同是生活在战国时期,但他的日子过得潇洒自在,不仅吃得饱穿得暖,而且还追求起高品质的精神享受。当考古学家打开曾侯乙的墓葬,顿时就被惊呆了!这位仁兄的墓葬规模堪称五星级超豪华水平!仅仅乐器一项,就令人瞠目结舌。

原来,这位仁兄是战国时期的一位诸侯。因为他姓“乙”,又是曾国人(今天湖北省随县、枣阳一带),所以人们尊称他为曾侯乙。在曾侯乙巨大的坟墓里,专设有一个墓室陪葬乐器,相当于我们今天的“演奏器材室”。这些乐器五花八门,包括琴、筝、瑟、笙、悬鼓、五弦、编磬、建鼓、排萧、抱鼓……如果一口气数出来,没点肺活量可不行。在这个地下“超级乐团”里,最令人们震惊的就是堪称“国之瑰宝”的曾侯乙编钟。

曾侯乙编钟体型庞大,钟架长7.48米、宽3.35米、高2.73米,就连见多识广的考古人员也吓了一跳!仔细数了数,一共有65枚钟,总重量达5000多公斤!这么个大家伙,要多少位大力士才能搬得动它啊!不用担心,古人想得周到极了——编钟能分解成245个构件,随时随地拆装组合。这下好了,无论曾侯乙走到哪里,都能听到自己喜爱的音乐了。

大小不一、造型精美的曾侯乙编钟全部由青铜铸造而成,依次列在曲尺桐木结构的钟架上,上下共排满了三层。每件钟体的正面被精心镌刻上金篆体铭文，详细记载了编钟的乐律，并注明是“曾侯乙乍时”（曾侯乙作）。可见，这位诸侯大人对音律的了解真是非同小可！

考古专家通过释读和研究，终于明白了春秋时期钟律的情况。编钟是一种历史悠久的打击乐器。它将乐钟依大小和音高次序编组，悬挂在钟架上，用木槌锤击演奏。曾侯乙编钟以大小和音高为序编成八组，总音域有五个八度，仅次于现代的钢琴。如果三五个人配合击打，不仅可以演奏优美动听的旋律，还可以演奏气势磅礴的和声呢！为了达到令人赞叹的音响效果，铸钟工匠成百上千次耐心锉磨、试听、调音，依靠最简单的定音器——人耳，创造出了最恢弘的“楚声韶乐”。

【冰火两重天——曾侯乙铜冰鉴】

战国早期・公元前475～前338年

出土地:湖北省随县擂鼓墩

馆藏地:湖北省博物馆

有没有搞错,又是曾侯乙?当然没有搞错啦,即将介绍的这件宝贝,也是曾侯乙家的私有财产之一。看来,他的家当不仅数量多,而且件件都是精品呢!

在介绍曾侯乙铜冰鉴之前,先问大家几个问题:你家有冰箱吗?有!几乎每个人都拖长了声音回答。也难怪,这个问题未免太多余了,谁家没有冷冻、冷藏食品用的冰箱呢?那么,你家有烤箱吗?——有!几乎所有人都有气无力地回答。这个问题也很可笑嘛!谁家没有加热、保温用的微波炉呢?请注意,下面一个问题可就不好回答了:你家有既能冷藏,又能加热的两用"怪怪箱"吗?哈哈,这回彻底难倒你了吧!

忽冷忽热的"怪怪箱"?古代有这么神奇的玩意儿吗?快赶上咱们21世纪的变频空调了,制冷制热都不含糊。怀疑归怀疑,等亲眼目睹了曾侯乙铜冰鉴的本事,你就会心服口服了。

单看外表模样,铜冰鉴只是一个普普通通的长方形青铜箱子,长和宽都是76厘米,高只有63厘米,个头只齐今天的冰箱一半左右。打开盖顶,冰鉴正中露出一个方口的铜壶,好似家里盛装热水的保温瓶。保温瓶的结构大家都很了解吧?外层有一个装饰性的外壳,里层有一个保温的内胆;外壳保护着内胆不被碰坏,内胆则让盛装的热水保持热气腾腾的状态。铜冰鉴也是如此,它像个保温瓶一样有外壳、有内胆,而且外壳和内胆隔着相当一段距离,中间留下了很大的空间,形状像个中空的"回"。为什么要留出这么宽敞的空间呢?

在我国古代,人们就已经发明了食物防腐保鲜的办法。《诗经》中就有奴隶在冬日凿冰储藏,供贵族们夏季饮用的记载。古籍《周礼》记载"祭祀共冰鉴",古人把冰块保存起来,在炎热的夏天再取出来放置在铜冰鉴的夹层中。这样一来，食物或美酒就好像放在冰冰凉的冰块中间，能起到很好的保鲜、降温作用。等到大雪纷飞的冬季来临，古人便把冰块换成红彤彤的燃烧的炭火，将铜冰鉴改造成暖暖的烤炉。只要把食物和酒放在炉子里，炭火就会一直帮食物加热、暖酒，品尝起来十分舒适。

和咱们的保温瓶有软木塞一样，铜冰鉴也有自己延长保温时间的好办法！它正中的方壶同样有个小方盖，严密厚实，盖上去以后热气很难溜走。铜冰鉴的外盖上有个大小合适的大方孔，盖上去刚好套住内部方壶的口沿，把方壶固定得纹丝不动。方壶有了铜盖和方孔的双重固定，基本上不会发生倾倒事故。古代人民考虑得多么细致周到啊，把一切可能发生的意外都想到了！

有句话叫做用得放心，看得舒心。铜冰鉴多功能、实用性的确没话说，但它的外观如何呢？简单点形容它，只有四个字——巧夺天工。你瞧铜冰鉴的四个脚，是不是很别致？它们是四只栩栩如生、稳健有力的小怪兽。四个龙头齐齐向外伸张，尾巴弯弯地卷在身后，屁股和两条后腿统统坐在地上，看它们那副龇牙咧嘴的表情，好像正努力使出全身的劲儿。原来，四只小兽在齐心协力向上支撑起铜冰鉴的重量，难怪连屁股都贴到地面了。铜冰鉴四面共有八条小龙，拱曲着身子攀伏在铜壁上，似乎正在休息，又像在积蓄精神一飞冲天。这些小龙可不仅仅是为了美观而设计的哦，而是人们搬运时使用的抓手。怎么样，设计是不是很新颖呢？

【楚王复仇，千年不晚——虎座双鸟鼓架】

战国·公元前475～前221年

出土地:湖北江陵望山一号墓

馆藏地:湖北省博物馆

2300年多年前楚国的一位漆器工匠，先用木头精心雕刻出一定的艺术造型，再用醒目瑰丽的彩漆细致描绘，终于完成了一件令他满意的漆器作品。他欣慰地打量着自己的杰作，深深地松了口气:总算可以向大王复命了！

楚国是一块充满奇异色彩的土地。我国今天的湖北、湖南和河南的部分地区，在战国时期都是楚人的领地。某年某月的某一天，为了延续古老的招魂仪式，也为了帮百姓驱除恶鬼，楚国的王决定要举行一次盛大隆重的祭祀、祈福仪式。楚人相信,这种颇具神秘奇幻色彩的仪式能给国家带来安定,给百姓带来福祉。当然,仪式还可以显示楚国国力的强大、人丁的兴旺,打扮成鬼怪、天神的巫师蹦蹦跳跳、大声呵斥,对左右邻近的国家也是一种含沙射影的警告,意思是:别惹我,小心点!

楚国的王下令让工匠们建造祭祀用的器物,比如木鼓、鼓架等等。在制作之前,楚王对他们提出了一个要求:一定要在器物上体现出神鸟凤凰不畏强敌,带领楚人百战百胜的主题。工匠们一听,心里就明白了八九分——楚王这是拿器物表明自己的决心和斗志呐!和楚国相邻的四川地区住着巴人,是楚人的死对头。很久以前,凶悍的巴人就经常欺负温和的楚人,抢夺楚人的粮食财物,破坏楚人的生产生活,给楚国带来了很大的安全隐患。一直到2300年前,楚人才渐渐强大起来,一口气打败巴人,狠狠教训了他们一顿。这件事让楚王欣喜若狂,十分得意,他一定是想把楚人的胜利用艺术品的形式记录下来,永远地留给后人。工匠们对楚王的意思心领神会,立即开工忙活起来。

说起来容易做起来难。用什么方式来描述楚人的胜利呢?工匠们冥思苦想,尝试了各种办法。漆器木鼓是战国时代典型的楚式风格,因此有的提议在漆器上雕刻文字,记录战争的经过;有的提议用木头雕花,绘出战争胜利的场面……可是,最后制成的木鼓并不符合楚人含蓄灵动的审美观念,总不尽如人意。忽然,有位工匠灵机一动,想到了一个巧妙的办法——楚人一直崇拜神鸟凤凰,他们认为凤凰代表美好、正直和坚韧不屈。而巴人崇拜老虎,认为老虎可以征服万物,是力量的象征。不如这样……

楚王最终看到的木鼓,是一个1.62米的大个子。仔细看那鼓架,竟是四只神兽相互拼接着组成!那高高挺立着细长脖子的,正是楚人敬畏的神鸟凤凰,它们线条灵动,似乎随时都会眨动双眼,摆动脖颈，扑打双翼。凤凰脚下踩着两只斑斓猛兽，你一定猜出它们是谁了吧！巴人崇拜的老虎，这会儿正乖乖趴在凤凰脚下，一副憨厚老实的模样，心甘情愿当凤凰的垫脚石。如果让巴人看到老虎被楚人如此贬低，不把鼻子气歪才怪咧！

【天外飞仙——漆凤鸟羽人】

战国・公元前475～前221年

出土地：湖北荆州天星观二号楚墓

馆藏地：湖北省荆州博物馆

骑白马的不一定是王子，也可能是唐僧；长翅膀的不一定是天使，也可能是“羽人”。假若时光倒流，让我们回到战国时期的楚国，这句话同样适用。因为楚国最具创意的木雕作品漆凤鸟羽人，就是一个最好的证明。

漆凤鸟羽人出土于湖北荆州，这里正是战国时代楚国的所在地。楚国人雕刻的是什么东东，怎么看不明白呢？只见一个人立在一只硕大的蟾蜍背上，一只脚还踏着凤凰的脑袋，昂首挺胸，似乎在等待着什么的到来。羽人和我们一样有胳膊、手掌、鼻子、眼睛，但肚脐以下的身体就和常人不同了——他长着鸟类的尾巴和爪子，腿上还依稀可以分辨出羽毛的麟状花纹！他究竟是天使？还是雷震子？人们对羽人奇特的相貌产生了极大的兴趣。

羽人真的存在过吗？还是楚人根据想象创造出来的呢？根据历史记载，战国时代的楚国兴盛巫术，国人普遍相信巫师的神怪言论，宗教信仰和神话传说成了人们的精神支柱。如今考古人员发现的楚国文物，往往都是体积庞大、造型怪异，似乎是专门为了吓唬别人建造的。如果不知情的外乡人误入了楚国境地，说不定会被神神叨叨的楚国人吓得落荒而逃。

其实，羽人在大诗人屈原的作品里早已露过脸了。在《楚辞·远游》一文中写道："仍羽人于丹丘（昼夜常明的地方）兮，留不死之旧乡（神灵的居所）。"羽人被古人看做天上的神灵，而蟾蜍代表了月亮之精华，凤凰则是飞翔于天地之间的神鸟。当羽人、蟾蜍、凤凰三者合一，就能遨游九天、生死无惧，这是古人对生命永恒的美好愿望。到了汉代，羽人干脆并入仙人一类，成为长生不老的代言明星。在古代大量绘画和雕刻中，羽人往往会立在西王母和东王公的身旁，地位身份可想而知。羽化升仙这一成语，也成为了形容成仙得道的专用术语。

向往遨游天宇，探索未知世界的浪漫楚人，用无拘无束的创造力，给后人留下了这件美丽的漆器和无尽的遐思。

【做游戏，找不同——青铜莲鹤方壶】

春秋·公元前770～前476年

出土地：新郑春秋郑公大墓

馆藏地：河南博物院

在日常生活或者电视电影中，你们早就见过有趣的双胞胎兄弟姐妹了。可令人头疼的是，你往往难以分辨，因为他们长得实在太像了！一模一样的鼻子、嘴巴、动作、神态……甚至连自己的爸爸妈妈，偶尔都会弄混淆。如果没有一双放大镜似的眼睛，你就要小心啦！下面介绍的便是一对特殊的双胞胎。怎么个特殊法呢？

它们的名字叫做“青铜莲鹤方壶”，是一对已有2600多年历史的青铜双胞胎。你发现没有，在此前登场的青铜器都是唯一一件，绝对没有重样。为啥古人一次只铸造一件青铜器？这可不能埋怨古人抠门或者偷懒，古代工匠在铸造青铜器之前，都必须先用泥土制作一件铸造"模器"，相当于浇铸的"外范"和"内范"。工匠把内外两范合拢注入铜水，当滚烫的铜水完全冷却，便可以打开模具取出完工的青铜器了。那外面的泥模呢？它已经完成自己的光荣使命，可以功成身退啦！所以每件泥模都是一次性的，一旦青铜器出炉，模具就不能再次使用了。然而，青铜双胞胎的出世，着实让人们大开了眼界。

原来，工匠同时铸造了两个一模一样的泥模，这才有了一对珍贵的青铜莲鹤方壶。拿着放大镜，瞪大眼睛仔细比较，你会发现莲鹤方壶小哥俩仍有一些细微的差别，例如其中一个体型稍胖、下巴更尖，另一个笑起来喜欢把眼睛眯成一条缝……总之，小哥俩并不完全相同。这就对了，全世界有分毫不差的双胞胎吗？当然没有。所以咱们不能对工匠师傅的手艺过于苛求，毕竟人家是用手工一点点捏制出来的，已经相当完美啦！小哥俩的相貌真是帅气到没话说，个个英俊潇洒、仪表堂堂。它们头戴一顶特殊的"发冠"，"发冠"的造型是一只展翅欲飞的立鹤。立鹤伸着细长的脖颈，微微舒展双翼，嘴巴一张一合，似乎高声鸣叫着准备腾空而起。"发冠"四周犹如一朵盛开的青莲，自然形成了方壶的铜盖。壶身更加气势磅礴，八条形态各异、大小不等的双翼青龙正攀着壶壁向上飞升，其中两只身体拱起，变成了方壶的双耳。壶壁上还缠满了弯弯曲曲、互相缠绕的龙形花纹，不过它们都只长着一条腿。人们把这种龙叫做"夔龙"(kuí)，是古代传说中一条腿的怪物音乐家。

当小哥俩刚从河北中山王墓中出土的时候，两个铜壶的口被蜡密封得严严实实。人们一打开铜盖，一股浓郁的玫瑰香扑鼻而来。经过考古人员的化验，莲鹤方壶内装的是货真价实的千年佳酿，怪不得酒香醉人呢！

秦　公元前 221 年～公元前 206 年

【赫赫强秦，威武之师——铠甲武士陶俑】

秦代·公元前 221～前 206 年

出土地：陕西咸阳秦始皇兵马俑坑

馆藏地：陕西秦始皇兵马俑博物馆

据史书记载：始皇嬴政从 13 岁即位时就开始营建陵园，由丞相李斯主持规划设计，大将章邯监工，修筑时间长达 38 年，工程之浩大、气魄之宏伟，创历代封建统治者奢侈厚葬之先例。秦始皇兵马俑坑是秦始皇陵的陪葬坑，位于陵园东侧 1500 米处，经考古工作者发掘，终于揭开了埋葬于地下 2000 多年前的秦俑宝藏。

置身秦俑之间，人们会不由自主地发出阵阵惊叹——这是一只特别的军队，无论岁月变迁，时光流逝，他们的使命和信仰从未改变；这是一只强大的军队，他们攻无不克、战无不胜，他们黑衣如铁，迅捷如风；这是一只传奇的军队，“岂曰无衣，与子同袍，王于兴师，修我戈矛”，他们的军歌曾是那样悲壮凄凉、气断河山。秦代雕塑艺术家用泥质灰陶塑造了这些千姿百态、栩栩如生的官兵形象，为辉煌的中国历史上留下了极为厚重的一笔。

将军俑、跪射俑、下级官吏俑和战马俑，是秦始皇陵兵马俑的代表作品。秦代将军头戴鹖冠，身披鱼鳞铠甲，胸前、身后、双肩分别装饰有三朵花结，一副威风凛凛的大将风范。鹖为一种雉鸟，生来脾气暴躁好斗。一旦打起架来，不分出胜负决不罢休。古人用倔强的它，来象征将士的英勇不屈。跪射俑已经拉开架势，虎视眈眈地望着敌人，审视对方的一举一动。这位弓箭手的姿势表现了古代“支左拙右”的善射之法，与现在小口径步枪无依托的跪射姿势竟不谋而合。看他聚精会神的模样，咱们可要轻手轻脚地经过哦！万一被他当成箭下的靶子，那就小命难保了。队伍中的下级官吏和武士外罩披膊铠甲，手作持兵器的架势，似乎时刻等待将军一声令下，上阵勇猛杀敌。8000 多位泥巴将士，齐心协力地再现了秦始皇一统六国时，大将军指挥千军万马，战士们冲锋陷阵的壮观场面。

人们不禁怀疑，兵马俑真的只是泥巴雕塑而成的吗？他们每个动作，每个神态，都那么栩栩如生、活灵活现。似乎眼前的泥人儿，下一秒就能呼吸，就有心跳。自从被埋入黑暗死寂的地下，兵马俑便开始默契地守护一个帝王的梦想。直到无意间被打井人挖出，他们终于又看到了两千年后的天空。时光变换，生死茫茫，天地已经完全变了模样。尽管心怀无限的惆怅和遗憾，但他们却无意间成就了一段世界奇迹。

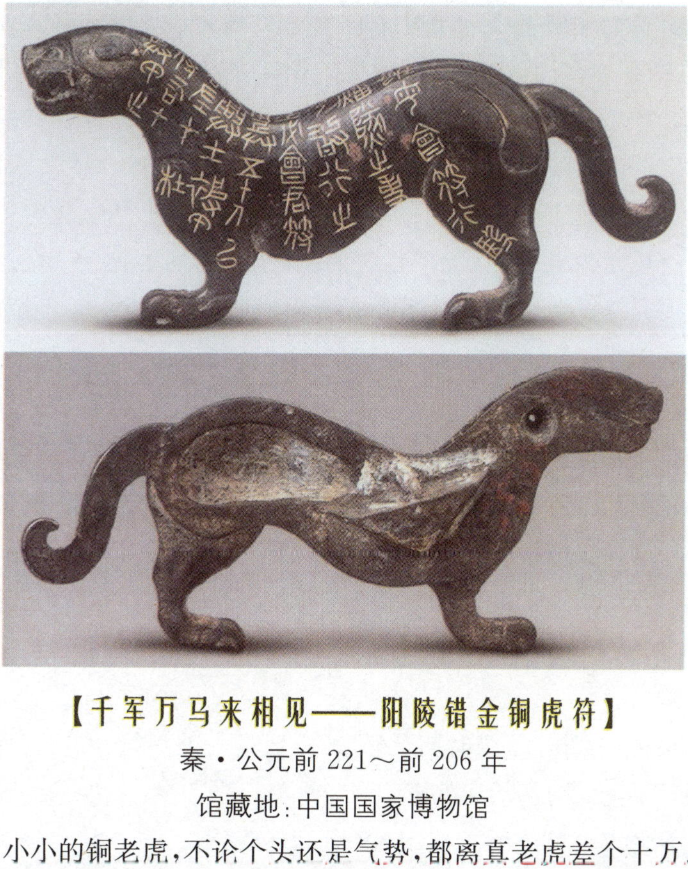

【千军万马来相见——阳陵错金铜虎符】

秦·公元前221～前206年

馆藏地：中国国家博物馆

小小的铜老虎，不论个头还是气势，都离真老虎差个十万八千里。不过，千万不要小看了它！如果铜老虎一发怒，攒足劲头虎啸几声，哪怕面临的是千军万马，也会立刻鸦雀无声。大伙都乖乖看着铜老虎的眼色行事，它的老虎尾巴向右一甩，众人绝对不敢向左；向左一指，大伙绝不敢向右。简直比遥控器还好使！

这只小老虎怎么这么神通广大呢？瞧瞧它的主人是谁，你就会恍然大悟。铜老虎名叫“虎符”，是一种古代的传统信物。在我国古代，各诸侯国之间的战争非常频繁，“兵不厌诈”是古代军事家最常挂在嘴边的一句名言。为了防止被别有用心者“忽悠”，周朝军事家姜子牙想出了一个好主意——发明了调动军队的凭证“虎符”。“符”大多用青铜铸造，做成的形状是什么动物，便以什么动物的名字命名。在北京故宫博物院内，还收藏有一件战国时期的珍贵鹰符。阳陵兵符的外形是一只蓄势待发的老虎，因此人们称它为虎符。唐宋时期，兵符的款式大大增加，出现了鱼、龟等形状；符的材质也五花八门，除了传统的铜质，还增加了竹、木、金、玉等材料。究竟这个地方对应哪种造型和材质的兵符，全凭皇帝的心情了。

虎符都是由左右两半组成，各自的铭文完全相同。右边的一半交给皇上保存，左边的另一半交给统领军队的将领。调动军队时，必须由君主或者皇帝派出的使臣拿出兵符，与将军的兵符相拼合。如果兵符能合二为一，便证明使臣所说的话的确来自皇帝的谕旨，军队才能得以调动。阳陵虎符左、右颈背的地方，也各有内容、写法完全相同的错金篆书铭文 12 字：“甲兵之符，右在皇帝，左在阳陵。”

兵符在战国、秦汉时期十分流行，而且一地一符、专符专用，一件兵符不能同时调动两处军队。

看似牢不可破的兵符制度，是不是百分百可靠呢？当然不是啦！遇上机智狡猾的对手，铜老虎也有“打盹”的时候。战国时期著名的典故“窃符救赵”，正是魏国义士信陵君钻了虎符的空子，假借魏王口谕调兵遣将、攻打秦军，解救了邯郸之围。

西汉　公元前206年～公元25年

【时尚家居，皇家最爱——铜雁鱼灯】

西汉·公元前206～25年

出土地：山西省朔县照十八庄

馆藏地：中国国家博物馆

你留意过身边的灯吗？白天，灯只是一个普通的摆设，黯淡没有生命；夜晚，它化身为光明的使者，灿烂而温暖人心。

远古时期，人类已经懂得使用自然之火来御寒、烧烤和照明。三千多年前，人类开始使用简单灯具承载火烛，书写文明。在灯下，人们挑灯夜读、缝衣纺线、为文作画……然而，以植物油为燃料的照明灯，曾让古时的读书人伤透了脑筋。

桌上那盏昏黄的油灯，在黑暗里绽放着莹弱的光，稍稍一点风吹草动就可能让它熄灭。看书的时候，离灯远了，不使劲瞪大双眼，根本看不清书上的字；凑得近了，油灯冒出的黑烟呛得人直咳嗽，一不留神还能熏出个“熊猫眼”和“大花脸”。这就是古代文人秉烛夜读时的苦恼。

读书读得如此狼狈，实在有损读书人的高雅形象。学子们都呼吁，如果还想让我们专心读圣贤书，就赶紧设计一盏健康清洁的环保灯吧！

心灵手巧的古代工匠，立即设计出了满足人们需要的无烟灯具——铜雁鱼灯就是其中之一。远看它就像是一幅凝固的青铜画，画中那只体态丰满的大雁，两腿直立，瞪着远远的眼睛，伸着长长的脖子，猛一回头，张嘴就咬住了一条肥美的大鱼。大雁背上驮着灯盘、灯罩，点燃油灯后，咦，怎么没有黑烟窜出来呢？

原来，鱼和大雁的身体都是中空的。点燃灯具前在里面注入一些清水，当灯油点燃后，乌黑的油烟被灯罩挡住，只能向上进入鱼的身体，再顺着大雁的嘴和脖子，乖乖地溶进水中。古人用独具匠心的设计，给我们上演了一场精彩的魔术。这种无烟环保灯一出现，就立即成为汉朝皇宫最受欢迎的时尚家居用品。

繁星点点，那是先人用智慧点亮的灯火。熄灭与点亮之间，已经照亮了我们心灵的斗室。

【美观环保的灯中翘楚——长信宫灯】

西汉·公元前 206～25 年

出土地:河北省满城西汉墓

馆藏地:河北省博物馆

无烟灯具虽然解决了燃油污染的问题,但也给人们带来了新的困扰。清水溶解烟尘的能力毕竟有限,无烟灯使用的次数一多,排烟能力就大大减弱,灯壁内还会存积厚厚的烟垢,清洗起来十分麻烦费力。日积月累,排烟管堵塞是常有的事。为此,汉代工匠特地发明了多功能环保灯——长信宫灯。

在金碧辉煌的汉王朝宫殿里,一位恬静优雅的宫女,面貌端庄清丽,梳着纤纤发髻,身着广袖内衣和长袍,小心翼翼地跪坐在地上。她左手执着一盏灯，右手轻轻举起，似乎在用衣袖挡风。她的头部略微向前倾探，目光专注，神情慵懒。

这样一幅精美的图景，很难让人联想到，这是在描绘一盏铸造于西汉的青铜古灯——长信宫灯。

1968 年河北省满城县，西汉中山靖王刘胜和妻子窦绾的墓中，出土了这盏神奇的宫灯。灯座底部刻有 9 处铭文，共计 65 个字，记载了灯具的容量、重量以及所属人等信息。经考证，这盏宫灯曾经安放在窦太后的长信宫，为窦太后的御用物品。由于灯器身上刻有“长信”二字，因此得名为“长信宫灯”。

长信宫灯一出土，就震惊了全世界。它不仅能够过滤烟尘、减少污染，而且各个部分都可以随意拆卸，清洗灯内油垢变成了轻而易举的一件事。作为同类型灯具中唯一的人型灯，宫女的右臂与衣袖形成了灯罩，轻轻拉动上面的弧形板，就可以调节光照的强弱和方向。设计者真是把一切都考虑到了啊！就凭它优雅逼真的外形、精巧细腻的做工，已经让人大开眼界；科学合理的结构设计，更是令人拍手叫绝。难怪世人又赠给它另一个名字——光照千古的“中华第一灯”。

【人面不知何处去，玉衣依旧笑春秋——金缕玉衣】

西汉·公元前206～25年

出土地:河北省满城县陵山西汉中山靖王墓

馆藏地:河北省博物馆

见过布衣、毛衣、皮衣、丝绸衣服的同学请举手！哇，几乎每位同学都高高举起了手。那见过树叶衣、铁甲衣、石棉衣的同学有多少呢？现在举手的人只剩下刚才的一半左右了。最后，请问你见过玉片成布，金线为丝的金缕玉衣吗？这下，大伙全部把手藏了起来，面面相觑——好家伙，这么贵重的材料谁受用得起？

答案是有！西汉一位名叫刘胜的诸侯王，是西汉第四代皇帝汉景帝的小儿子。熟悉《三国演义》的同学都知道，历史上有位爱哭鼻子、宅心仁厚的刘皇叔刘备吧？刘胜正是刘备的曾、曾、曾……曾爷爷，绝对算得上是一位历史名人了。刘胜的墓葬被发现的时候，他和他的夫人窦绾都穿着一套巧夺天工的金缕玉衣。金缕玉衣和咱们今天的服饰差不多，分为面罩、上衣、裤子、手套和鞋五个部分。一套玉衣要耗费多少块玉片呢？具体数量要根据穿着的人的身材而定。窦绾的身材瘦小，而刘胜的体型高大富态，因此玉衣的尺寸比夫人也大了好几号。仔细观察同一件玉衣，每块玉片的大小、形状并不完全相同。为了符合人体各部位的特征，这些玉片大部分是长方形、正方形，还有少数三角形、多边形和梯形，能够把人体各个部位完好地保护起来。

制作一套完整的金缕玉衣前，人们先从玉石产地千里迢迢运来玉料，经过复杂的加工工艺，把玉料加工成一定大小和形状的玉片，并将每片玉片磨光、穿孔。然后再用大量金线、银线、铜线或者丝线，从每一块玉片的穿孔中穿过，把上千块玉片连成袖筒、裤腿、头罩和手套等等。刘胜的玉衣从头到脚长达 188 厘米，共使用了 2498 块玉片，1100 克黄金丝线！为了让玉衣更加平整牢固，每块玉片的四周又用丝绸细心粘贴、加固。据专家分析，一位熟悉的玉石工人至少要花费十年的功夫，才能制成一套如此精美的金缕玉衣。

这身华贵奢美的行头，分量自然也不轻。穿上它的人一定寸步难行吧？其实，金缕玉衣是给已故的皇帝贵族、诸侯王室穿着的高级殓服，东汉时期还形成了严格的玉衣使用制度。汉代皇室贵族迷信“金玉护九窍”，认为人在过世以后，只要穿上玉制衣服，尸骨就能永久保存下来，一万年也不会腐烂枯朽。那么，事实是否和古人的想法吻合呢？当考古人员清理玉衣时，发现玉衣内部早已空空如也，仅剩下主人遗留的几颗碎牙齿了。

【血荐鸿蒙——诅盟贮贝器】

西汉·公元前 206～25 年

出土地:云南晋宁石寨山

馆藏地:中国国家博物馆

2010 年上海世博会上,中国国家馆内展出了珍贵国宝《清明上河图》。技术人员将场面宏大、笔触细腻的宋代古画卷变成了动态 3D 影像,吸引了全世界的目光。然而在西汉年间的古滇国,我国也诞生过一幅袖珍式的"清明上河图"。不过,它不是来自画家的笔端,而是古代工匠用青铜浇铸而成的。

滇是我国西南边陲上一个古老的少数民族政权,主要分布在以滇池为中心的云南省东部和中部地区。历史上关于滇的记载很少,只有汉代的司马迁在《史记·西南夷列传》中略有提及。直到 1955 年,考古学家在滇池附近发现大批精美的青铜器、黄金饰品,人们这才知晓：原来在 2000 多年前的云南，还曾经有过一段繁华辉煌的古代青铜文明。它从哪里来？又到哪里去了？如今，我们只能从被青铜器凝固下的历史瞬间，去猜测滇国的辉煌。

你看，图中这个有趣的青铜器皿，正是滇国出土文物的杰出代表。海贝是当时滇国的通用货币，可以用来交换货物、购买商品。贮贝器就相当于滇人的“存钱罐”，出土时常常装着大量的海贝。器皿的盖顶是整个贮贝器最精彩的地方，大多雕铸了战争、纳贡、杀人祭铜柱、杀人祭铜鼓、纺织、狩猎、驯马等滇人的社会生活场景。诅盟贮贝器华丽的盖顶群雕，正是对滇人诅盟典礼的完整回放——滇王祭祀，以血诅盟。高高端坐在楼上的贵妇人为主祭祀，目光威严而冰冷；四周摆置着 16 面铜鼓，击打铜鼓的乐人、手持器物的杂役，虔诚地为祭祀奔忙；瑟瑟发抖的祭品或捆、或枷，无奈地等待生命的结束。小小的盖顶竟容纳了 127 人，是目前出土贮贝器中人物最多的一件，仿佛是一幅立体的“清明上河图”。

东汉 公元 25 年～公元 220 年

【开心一刻——击鼓说唱陶俑】

东汉·公元 25～220 年

出土地：四川成都天回山

馆藏地：中国国家博物馆

“笑一笑，十年少。”笑，不仅有利于人的身心健康，有时候甚至能达到延年益寿的神奇功效！你可别不信，下面介绍的这位仁兄，从 2000 年前直到今天始终都保持着满脸的笑模样。他实在是太开心了，眼睛眯成了一条弯月似的细缝，额头上皱起了深深的笑纹，连脚都高高翘到半空——这张神采飞扬的笑脸，让每个见到他的人都不由自主地快乐起来。

这位老兄为什么这么开心呢？原来，他是东汉时期一位击鼓说唱的滑稽艺人。汉代民间非常盛行说唱表演，最热闹欢乐的就属滑稽戏了。你看，滑稽艺人袒胸露腹，长裤赤足，左臂挟着一面小圆鼓，右手扬起鼓槌准备击打节拍，正表演得卖力十足。演员的胳膊上还套着一串骨头片，随着胳膊用力晃动，发出哗啦哗啦的悦耳音律。骨头片击打的节奏和阵阵鼓声相互配合，好似一队热闹非凡的“击打乐”。说唱艺人的拿手好戏远不止这么点！夸张的动作和诙谐的神态，是说唱艺人赢得笑声的“秘密武器”。只见他故意不停地抻脖、含胸、鼓腹、抬腿、扮鬼脸，手舞足蹈地使出浑身解数，很快把整场演出推向了最高潮。兴致勃勃的观众们各个笑得前仰后合，台上台下一片欢乐……

掌声、笑声接连不断的表演，引起了另一位雕塑艺人的注意。他立即拿起竹刀和泥巴，创作了这件富有浓厚民间气息和地方风貌的陶俑作品，把时间定格在了最美好的一刻。虽然今人听不见艺人说唱的内容，感受不到演员击鼓的节拍，但热情乐观、幽默十足的陶俑艺人，已经不知不觉把欢乐传递给了每一位旁观者。这其中，有你，也有我。

俑在汉代雕塑中有着十分重要的地位，题材广泛，内容丰富。从车马出行到侍卫家奴，从庖厨宴饮到百戏歌舞，几乎无所不包。从活灵活现的陶俑群像中，我们似乎已回到汉代五彩斑斓的社会生活。

【我本的卢——马踏飞燕】

东汉·公元 25～220 年

出土地：甘肃省威武市雷台

馆藏地：甘肃省博物馆

一匹风驰电掣的骏马，首微昂、尾高扬，马蹄奔腾处，掀起一阵呼啸的风。它越跑越快，四周的战马和士兵还未看清它的影子，就被湮灭在卷起的烟尘里。它双腿一次次用力蹬地，再高高跃起；脚下的黄土渐渐模糊，头顶的苍穹愈来愈清晰；穿过绸缎般的白云，御风好似霹雳弦惊。一只飞翔的云燕，也感受到了身后那股急速的气流。它奋力地一振翅，想躲开咄咄逼人的飞马，可奔马比它更快，三足踏云、一足轻点，正落在云燕的脊背上。巴掌大的弱燕，哪里能承受住马儿的重量？云燕慌了神，赶紧回首张望……好，就让时间在这里定格——举世无双的艺术杰作“马踏飞燕”从此诞生喽！

东汉艺术家创作的这匹铜奔马，实在令人拍案叫绝！它躯体的每一部分都异常完美而匀称，姿态动感强烈，同时也保持着精确的平衡。雕塑的重心显然经过了极其周密的计算，稳稳地落在踏鸟的一只足上。作为具有三维空间的圆雕作品能取得如此非凡的艺术效果，作者想象力之卓越、构思之新颖以及铜铸工艺运用之巧妙，都令人惊叹不已。

这一文物瑰宝1969年从武威雷台汉墓出土后，曾到日本、美国、英国、法国、意大利、瑞典等14个国家和地区展出，引起了全世界的极大轰动和高度赞誉，称它是“绝世珍宝”、“一颗引人注目的明星”、“艺术作品的最高峰”。马是人类的好朋友，人们喜爱马、赞颂马，千百年来，历代艺术家们创作的与马有关的绘画、雕塑、画像砖等各种各样的艺术作品，可以说是不计其数。但是，没有哪一件作品能够与这尊“马踏飞燕”相比拟。特别是后来被确定为中国旅游标志以后，这匹马更是走出国门，走向世界，为天下的人们所熟知。“马踏飞燕”曾先后四次“跃上”国家名片，成为中国邮票史上的佳话。

隋 公元 518 年～公元 618 年

【全国十二个，人人有一个——生肖瓷偶】

馆藏地：私人珍藏

20 世纪 70 年代初，日本首相田中角荣访华时出了一道古怪的谜题："全国十二个，人人有一个"，请周恩来总理猜一猜。在场的中国工作人员怎么也想不出答案，心里直替总理干着急。没想到，总理听了哈哈大笑，将谜底脱口而出："十二生肖！"日本朋友对总理的才思敏捷赞赏不已，这也成为人们津津乐道的一段佳话。

时空交替，天地变迁。远古先民挥洒血汗、开疆拓土的身影已经远去，但承载祝福与希冀的十二生肖，却成为华夏文明的符号流传下来。子鼠机灵、丑牛勤劳、寅虎勇猛、卯兔聪慧、辰龙神通、巳蛇敏锐、午马刚健、未羊吉祥、申猴伶俐、酉鸡守时、戌狗忠诚、亥猪亲善，人们打心眼里爱上了这十二种可爱又可敬的动物。

不仅如此，隋代工匠还为十二生肖量身定做了一套小瓷偶。它们身着朝服、腰带高束，个个正襟危坐，双手捧着上朝记事用的手板，好似几位军机大臣正在商议国家大事。可惜，这套珍贵的隋代生肖瓷偶只剩下鼠、牛、猴三个，其余的兄弟姐妹都不知散落何处。全国仅剩一套完整的十二生肖瓷偶，出土于大唐年间，经历了几千年的沧桑变幻，十二兄弟依旧团结友好、彼此相连，实在太不容易啦！

隋代出现的生肖瓷偶，已经和今天的十二生肖形象基本相同。大约 2000 年前，古人为了方便计时，将一昼夜分为十二个时辰，并用十二生肖分别为它们命名。怎么将十二种动物和十二个时辰对应起来呢？聪明的古人绝不是胡乱搭配一气，而是依靠一个简单巧妙的规律——

深夜 11 点至凌晨 1 点为子时，老鼠们为了美味的夜宵四下搜寻，好填饱一家老小的肚皮；凌晨 1 点至 3 点为丑时，牛儿正卖力地反刍，仔细消化胃里的食物；3 点至 5 点为寅时，老虎尽情在山林中撒欢打滚，耍足“大王”威风；5 点至 7 点为卯时，玉兔卖力捣着药草，为月宫干不完的活儿忙碌；上午 7 点至 9 点为辰时，云中的巨龙开始翻腾咆哮，给干旱的庄稼布云施雨；9 点至 11 点为巳时，雨过天晴的大地气温回升，蛇懒洋洋地扭动着细腰，到隔壁四邻家串门；中午 11 点至 1 点为午时，几匹凌空奔腾而过的天马，被阳光染成了耀眼夺目的金色；下午 1 点至 3 点为未时，牧羊的小童带着羊群去河滩边的草地，度过美好惬意的“下午茶”时光；3 点至 5 点为申时，一觉醒来的猴儿们上蹿下跳，互相打闹嬉戏；傍晚 5 点至 7 点为酉时，夕阳的余晖洒落，母鸡呼唤小鸡按时回窝；晚上 7 点至 9 点为戌时，忠诚的看家狗抖擞精神，时刻准备驱赶趁夜潜入的“不速之客”；9 点至 11 点为亥时，可爱的小猪们列成一队，背靠着背鼾声如雷。十二生肖的生印故事，是不是已经深深映入你的脑海？

唐朝　公元 618 年～公元 907 年

【十四位名家五头牛——五牛图】

唐朝·公元 618～907 年

馆藏地:故宫博物院

盛唐年间,我国诞生了五头稀世罕见的牛。它们虽然不能犁地耕田,但却是数朝历代名家名士眼中的异宝,先后被宋元明清等朝代的十四位著名人物收藏。

《五牛图》是目前存世的纸绢画中,最早以"牛"为题材的画作。它横 139.8 厘米,纵 20.8 厘米,画中共有五头神态各异的牛,正中的一头为正面,其余四头都是侧面。它们有的正低着头,悠闲地吃着草;有的翘首而奔,像是撒野的猛兽;有的瞪着清澈纯真的大眼睛,一副俏皮模样;有的步足稳健,张开的嘴仿佛在"哞哞"吼叫,诉说着世间的沧桑;还有的缓步前行,似乎正要走向田头,又像劳作了一天刚刚归来。一俯一仰,一动一静,都透着真实和传神,散发着无法抵挡的艺术魅力。

拿着放大镜仔细寻找，发现画上大大小小的款印和龙飞凤舞的题记，都是收藏者留下的：宋高宗赵构，元朝人赵伯昂、大清乾隆皇帝、书画家赵孟頫……画的主人换了一个又一个。有的权倾天下，有的文采过人，有的富可敌国……个个都是历史上掷地有声的人物，唯独少了作者的款印。也许，作者也和他画的牛儿一样，低调沉稳，谦逊质朴。那么，创作《五牛图》的作者是谁呢？

作者名叫韩滉，字太冲，唐德宗年间任当朝宰相。韩滉一生为官清正廉明，虽然高居宰相，却不比一般百姓富裕多少。他生活节俭，平日穿的都是几十年前的旧衣服。他做了四十年的官儿，总共只用了五匹马。大多时候，他更愿意步行于民间市集、村头田间，亲身体察百姓的疾苦。山野老农曾和他感慨过租税的繁重，深林樵夫曾和他畅谈起谋生的不易，这位爱下乡的布衣宰相赢得了百姓的深深爱戴。《五牛图》正是他表达自己为了国家，愿意像画中的牛一样任劳任怨的决心。

韩滉还是一位杰出的书画家，称得上当朝炙手可热的文化名人。他擅长画人物和鸟兽，尤其是笔下的耕牛，其他画家看了只有望牛兴叹、自叹不如的份。当时，著名画家韩干以画马著称。人们便将他和韩滉并称为“牛马二韩”。

【天马歌舞——舞马衔杯银壶】

唐·公元618~907年

出土地:西安何家村

馆藏地:陕西博物馆

风景秀丽的骊山脚下,曾流传过一个关于天朝舞马的故事。

相传,唐玄宗李隆基每年都要带着大美人杨贵妃,移驾骊山华清宫避寒消暑。在这段悠闲的度假时光里,他们游遍了整座华清宫和附近的名山胜迹,玩腻了所有的珍奇异宝和杂要乐子。还有什么新奇物件能打发时间呢?百无聊赖之下,杨贵妃干脆当起“美食家”,冬天闹着吃沙瓤西瓜,盛夏偏要尝新鲜荔枝……折腾得整座华清宫鸡犬不宁。

“快点找点有趣的玩意来!”眼看爱妃胖得面日全非,一向以胖为美的玄宗也有点慌了神。“只要让娘娘别拿吃的撒气,什么都好说!”

这天,玄宗搀着贵妃一步一歇地登上长生殿的高台,向东边驿路的方向眺望。尘埃中,一位红衣黑马的差人由远而近飞奔而来。玄宗心里咯噔一下,不好,又是来送吃的?忽然飞奔的马儿好像受到了什么惊吓,高高抬起前踢,把送荔枝的差人摔了个四仰八叉,鲜红的荔枝咕噜噜滚了一地。

这还了得！玄宗龙颜大怒，当下就要发火。可一旁的贵妃竟然掩口失笑，开心得差点背过气去。一个创意百分百的好点子在玄宗脑海中蹦了出来，想哄爱妃开心，就这么办！

于是，此后一年的时间，贵妃发现玄宗整日不是去马廊转悠，就是到马场兜风，好像有什么秘密背着自己。虽然心中甚是不快，但杨贵妃也不好当面明说，只能继续拿荔枝出气。

第二年盛夏，玄宗照例携贵妃前往骊山避暑。这夜皓月当空，繁星似锦，正是乘凉观景的最佳时机。在玄宗的精心安排下，宴席间一名手持长鞭的驯马师翻个筋斗，忽然来到贵妃等人面前。然后，他扯起高亢的调子喊道："张家宠，杨家娇，率领左、右二曲部——上台！"

听到这儿，蒙在鼓里的贵妃好奇地问："圣上，梨园中何时新来了歌伎？"话音刚落，只见对面的画壁突然闪开了两扇大门。两匹披着绣衣、挂着铃铎、穿戴金银珠玉簪络的骏马，率领两支同样装饰的庞大马队，踏着鼓点儿，缓缓走上场来。看到这，贵妃和众大臣都笑成一团——原来，这些宠呀、娇呀，并不是花枝招展的歌舞艺伎，而是一群骏马！说来也怪，随着乐师奏起悠扬动听的曲子，四百匹高大精壮的"天马"竟像《霓裳羽衣舞》的飞天"仙女"，踏着节拍、昂首奋尾地翩翩起舞！一位壮汉在舞马台上叠起三层板床，高已盈丈，那名叫杨家娇和张家宠的舞马，竟应声跃上板床，旋转如飞！接着，一群力大如牛的侍卫抬起旋转着舞马的三层床板，走到玄宗和贵妃的面前。舞马似乎明白了主人的意思，一匹匹衔起酒杯，向玄宗和贵妃舞拜敬酒……那晚以后，舞马衔杯的精彩像神话一样流传开来。

真的有神奇的舞马吗？西安出土的唐代银壶上，精细镌刻着舞马衔杯的生动画面，使我们得以再次领略唐代舞马的卓越风姿。

五代十国　公元 907 年～公元 979 年

【一席流转千年的夜宴——韩熙载夜宴图】

摹本馆藏:北京故宫博物院

琵琶声起,江南寂静的夜被铮然拨动。

转轴拨弦三两声,连湿润的空气似乎都已凝结。所有人在凝神倾听,沉湎在悠扬的琵琶曲里——这是名满京城的韩熙载夜宴。

主人韩熙载斜坐于榻上,头戴黑色峨冠,手自然地松弛下垂。满室的宾客或坐或立,都在倾听歌伎弹奏琵琶。面前的几案上,酒樽斟满,果盘堆尖,但人们却完全陶醉于琵琶女指端流出的美妙曲调。此刻心有旁骛的人,大概只有韩熙载。因为,他发现客人中多了两位不请自到的宫廷画家。其中,便有大名鼎鼎的顾闳中。又是一个局……为了避免南唐后主的猜疑,他必须做点什么。

几个侍女抬上一面羯鼓,韩熙载下了床榻,脱去长袍,挽了衣袖，手持鼓槌，开始敲击起来。只见人群中跳出一位苗条少女，随着鼓点翩翩起舞。这位少女不过十五六岁，她双脚轻盈跳跃，两只长袖上下飞舞，好似白鹭展翅。懂行的人一眼就认出，这是唐代著名的歌舞大曲“绿腰”。鼓声渐渐急促，客人们暗自惊叹——韩熙载竟是一位击鼓好手！他头不动，膀不摇，鼓槌如雨点般落下，丝毫不乱。绿衣少女随着鼓声旋转起来，越来越快，宛如一株风中玉兰。宾客有的击板，有的鼓掌，叫好声一片。

一阵欢闹后，韩熙载有些累了。他坐到内室的卧榻上，心不在焉地任凭侍女为他洗手、擦脸。望着窗外的阑珊月色，韩熙载若有所思。也罢，与其心忧南唐天下，不如醉生梦死，夜夜笙歌。

再难舍的欢宴也会结束。夜色已深，烛燃近半，宾客们有的准备离去，有的仍在流连忘返。夜宴后的美景和欢乐还在继续，画面至此戛然而止。

头一回担任间谍的顾闳中，犹豫再三，终于将《韩熙载夜宴图》呈于后主李煜复命。韩府的夜宴通宵达旦，宾客众多，他巧妙地将屏风、帷帐、几案、床榻，分割开不同的场景，既独立成章，又相互连接，时间、空间交融成一体，很自然地展现了夜宴的全过程。皇上仔细浏览了几遍，从中似乎没有发现韩熙载隐藏任何的政治野心，稍稍有些心安。这时的他，才把注意力放在画本身。与大唐相比，画中女子不再丰腴，身段已经是清秀玲珑；衣饰不再繁缛华贵，而是简单实用。后主叹了口气——毕竟，那个气象万千的大唐已经远去了。

也许，历史就是一出时刻上演着的盛宴吧！人物登场退场，场景变幻不停，江山却依旧如故。画中的主人公早已不在，然而，顾闳中用细润圆劲的线条、浓淡适宜的墨色，为后人留下了这幅惊艳华美的历史画卷。对开卷者有益，令闭卷者沉思。

宋朝 公元 960 年～公元 1279 年

【他是谁家的胖娃娃——定窑孩儿枕】

馆藏地：故宫博物院

说到枕头，大家再熟悉不过了。人的一生至少有三分之一的时间，是在枕头的陪伴下度过的。没有它，人们睡觉的时候总觉得少了点什么。

早在原始时代，人们偶然发现，用石头或草捆把头垫高后睡觉，更加香甜安稳、容易入睡。石头和草捆，便成了历史上最古老的枕头。直到战国时期，枕头业开始兴旺发达起来。那时候的枕头，外形已经相当考究，而且还有各种材质可供挑选。散发阵阵竹香的竹枕头，对老年人颈椎有益的木枕头，五花八门。还记得那位有勇有谋的司马光吗？他是我国北宋时期著名的史学家，因为小时候破缸救人的英勇事迹被报道后，成了后人心目中的小“天才”。

司马光童年的时候，也有一个小圆木做成的枕头。他的枕头既不是为了提神，也不是为了美观，而是为了撵走讨厌的瞌睡虫！司马光太勤奋了，连睡觉的时间都舍不得浪费。他脑袋底下搁着圆木枕头，睡熟后只要稍稍一动，头就从枕头上滑下来，“咣当”掉落在床上。这动静，不亚于司马光砸缸的声响！他的瞌睡虫顿时被赶得一干二净。司马光就是利用这只“警枕”，激励自己发奋读书。

宋朝时期制瓷工艺发展飞速，枕头行业又相继推出了新产品——瓷枕。瓷枕是我国古代的夏令寝具，始创于隋代，流行于唐、宋、元间。它清凉沁肤，爽身怡神，颇受人们的喜爱。唐宋时期一度广为流行，宋代定窑曾大量烧造。宋代词人李清照在《醉花阴》一词中还有赞颂瓷枕的词句：“薄雾浓云愁永昼，瑞脑销金兽，佳节又重阳，玉枕纱厨，半夜凉初透。”可见，瓷枕是消暑的良好卧具。

“孩儿枕”是瓷枕的一种样式，以定窑、景德镇窑烧制的最为精美。由古自今人们认为儿童象征着吉祥幸福，能降福驱灾，同时也是件吉祥之物。据说，乾隆皇帝得到了一件孩儿枕后，诗兴大发，题了一首诗：“瓷枕通灵气，全胜玳与珊。眠云浑不觉，梦蝶更应安。”哈哈，连皇帝都被瓷枕的魅力折服了！

元朝　公元1279年～公元1368年

【“说”故事大王——青花梅瓶】

出土地：南京市江宁区殷巷将军山沐英墓

馆藏地：南京市博物馆

发展至元代，青花烧瓷技术已经炉火纯青。享誉世界的瓷都景德镇是元朝皇帝专用的御窑厂，从这里流传出的“元青花”，都要经过权威瓷器专家的严格检视。一旦发现瑕疵，无论多么精美珍贵，都会被无情地“判处死刑”——砸成碎片埋入地下。经过这轮残酷的淘汰赛后，筛选出的“元青花”都是百里挑一的稀世珍品。这件名为《萧何月下追韩信》的元代梅瓶，正体现了元代瓷器手工业的高超水平。

梅瓶得名的由来，是因为瓶口实在小得可怜，只能容得下一枝梅花。但它的肚子却大得惊人。圆滚滚、胖乎乎的肚皮，给制瓷工匠提供了完美的作画空间——就在这里作画好了！技艺精湛的画师先用一种天然钴料，在瓷胎上绘出各种美丽的图案。图案的内容丰富多彩，飞禽走兽、亭台楼阁、花草人物、神话传说……都能成为画中的主角。袅袅几笔，就能描绘出一幅意蕴悠远的水墨图画。然后，由经验丰富的工匠在瓷胎表面施上一层透明的釉，再把瓷胎送到火中用高温炙烤，一次烧成。一件精美的青花瓷就这样诞生了。

元代青花瓷的主纹，通常是讲述一些著名的历史故事和历史人物，诸如三顾茅庐、蒙恬将军、萧何追韩信等等。不仅如此，它还像电视剧一样，把故事的来龙去脉描绘得一清二楚。让我们按照顺序慢慢“收看”吧！

夜晚的荒野，四处被黑暗笼罩，依稀的月光照得人头皮直发紧。忽然，由远及近传来一阵焦急的马蹄声，一位官员正策马扬鞭，向前狂奔疾行。只见他骑得飞快，胡须、马鞭都高高飞扬起来。咦，这不是西汉刘邦帐下的萧何萧大人吗？萧大人请留神！这么晚，在山路上超速行驶实在太危险啦！萧大人不理会我们的提醒，反而加快了速度。也难怪，他还有更重要的事儿呢！大将韩信因不得刘邦重用，盛怒之下离队出走。萧何二话不说，连夜上前追赶——假如放走了韩信，对全军将是一个重大的损失！其实，萧大人也不必过于慌张。韩信这会儿也不知道该怎么办，正骑着马在河边溜达呢！看到韩信还没有渡江离去，萧何这才松了口气。他赶忙赔了不是，又再三挽留韩信，终于没有造成汉军的人才流失。

也许你不相信，梅瓶上能一口气绘出这么多生动有趣的内容吗？当然能！这就需要制作工匠准确的描绘和细心的烧制。这件梅瓶无论形状还是颜色，都相当完美，实在是一件艺术珍品。

【鬼谷子下山——元青花大罐】

馆藏地:私人珍藏

中国自古多名瓷。翻开色彩浓重的历史画卷,元青花永远是那一抹最明净素雅的美丽。提到元青花,就不能不提元青花中的传奇——人物故事纹青花大罐“鬼谷子下山”。看起来它似乎没有什么特别之处,和奶奶用来腌菜的菜坛子差不多大、差不多圆、差不多旧……为啥用“传奇”来形容它呢?

还记得我们先前提到的青花梅瓶吧!这回你应该一眼就分辨出来,这件青花大罐也是元朝年间问世的。瞧,它的主纹讲述的是历史名人“鬼谷子”的故事,照例是用我们熟悉的连环画形式。在2005年7月的英国佳士得公司拍卖会上,它一登场,立即征服了各国的富豪政要。雄浑矫健的造型、张力十足的纹饰、浓艳深透的青花发色、通体弥漫的雄霸之气……还有什么比它更完美的？最终，它以 2.3 亿元人民币的天价成交，不仅创下了佳士得公司亚洲艺术品拍卖的最高成交纪录，也打破了中国瓷器拍卖的最高成交纪录！元青花大罐的拍卖轰动了全世界。连英国人自己都纳闷，一件蓝白花坛子哪来这么大的魔力？

瓷器在英语称为 china，与我们的祖国同名。它没有唐三彩富丽堂皇的外衣，没有景泰蓝复杂考究的工艺，但人们却不约而同地爱上了这位冰清玉洁的“青瓷仙子”。帝王将相爱上她的高贵华丽、典雅大度；文人墨客爱上她的端庄素雅、宁静致远；普通百姓爱上她的质朴简单、平淡真实……在元代，能拥有一件“青如天，明如镜，薄如纸，声如磬”的青花瓷，是很多欧洲贵族的梦想。青花瓷器的纹饰大多为牡丹、竹梅、鱼藻、龙纹、莲纹、花鸟等，以历史人物纹饰为刻画主题的元青花却相当罕见，全世界不足十个。而“鬼谷子下山”，正是元青花的代表作。现在，你对它的价格心服口服了吧！

说了半天，还有一位重量级人物没有介绍呐！那就是“鬼谷子下山”故事的主人公，春秋时期的纵横泰斗——鬼谷子。他姓王名诩，又名王禅，出道后更名为鬼谷先生，酷劲十足。这位老先生实在了不得！他上能预言凶吉祸福，占卜阴阳八卦；下可精通文韬武略，行军布阵神鬼莫测……所学知识相当于近百本大百科全书！这可不是鬼谷子的自吹自擂，从他门下毕业的四位弟子孙膑、庞涓、苏秦、张仪，个个都是左右历史的大人物。这件元青花上的图案，描绘的就是鬼谷子和孙膑的故事。为了解燕国被强兵所围之困，鬼谷子再度被请下山。天啊，给他拉车的竟然是一虎一豹两只猛兽！人们不由得为他捏了把汗。可鬼谷子却满脸怡然自得的神情，不用说，他一定早已酝酿好退敌良策啦！

【星河奇遇记——朱碧山银龙槎杯】

馆藏地:故宫博物院

古代的文人雅士偶尔都会犯点儿“酒瘾”。闲来无事邀上一两位好友，喝上三四杯美酒；或者，在环境清幽、景色雅致的角落自斟自饮，对月独酌……总之，古代人喜爱饮酒、品酒，甚至爱屋及乌，对用来盛酒的酒器也十分讲究。能工巧匠们用一双巧手和非凡的智慧，别出心裁地制作出各种精美酒具，诸如商周时期青铜礼器，仿花鸟祥兽类酒壶、银器、金器、犀牛角材质的酒杯等等。文人雅士欣赏着手中精美绝伦的酒具，沉醉于玉液琼浆的醉人香气，文思如黄河之水滔滔不绝，还发愁写不出佳文绝句么？

用金银、犀牛角两种材料制成的槎杯，历来是酒器中的妙品佳构。元代银工朱碧山的工艺作品，更是槎杯中的佼佼者。朱碧山称得上元代银制品加工业的头号人物，就连大名鼎鼎的学者柯九思，都曾向他定制灵芝形的银杯。凡是经他双手诞生的作品，都会成为达官显贵用来炫耀身份和地位的珍宝。

提到“银龙槎杯”，先考考大家：银龙后面那个字，怎么念来着？听好啦，这个字和“茶”同音，也读 chá，但音同意不同。槎是古代一种简易的船，类似用竹木编成的小筏子。想象一下，如果你拥有一条小船，你会怎么使用它？挑一个天气晴朗的周末，乘着它去欣赏湖光山色；还是立即动身，和它踏上环游世界的勇敢旅程……随你喜欢。瞧瞧小槎主人是怎么度过他的悠闲时光的：眼前这位悠然自得的老人，头戴素巾，身披长袍，手持书卷，倚靠船沿正看得入迷。身后的木槎好像一段蜷曲盘绕的老树，又如一条凌空跃起的巨龙，把老人包裹在槎中。用手指敲打小槎，会发出“噔噔”的清脆回响——原来，小槎内部是中空结构，用来盛酒。那位全神贯注的老先生还没发现，自己已经坐在一只“酒葫芦”上啦！

关于槎，还有一个充满奇幻色彩的故事。传说每年八月，居住在海边的人都能目睹一只小船，从大海深处缓缓驶来；在岸边停留一段时间后，它又悄悄地返回大海尽头。没有人知道小船的来历，大伙对此都感到十分好奇。有位大胆的少年，决心要上前一探究竟。当小船再次现身海边，少年立即爬了上去。小船载着少年，在海上一漂就是十几天。少年眼巴巴地望着四周，希望能看到点线索。可是，除了轮流出现的太阳、月亮，什么也没有。渐渐地，连太阳和月亮都消失不见，天地间只剩下白茫茫一片。这天，少年突然发现远处陆地上有人影晃动！靠近一看，是一位姑娘正在岸上织布。一旁还有一位牵牛的小伙，和牛儿窃窃私语。少年连忙向两人询问槎的来历，两人笑而不答。小伙子给了少年一个提示：“快回去吧！你回到蜀郡（今四川）后，去请教一位名叫严君平的人，他会告诉你答案。”少年按照牵牛人的话，找到了严君平——一位了不起的天文星象学家。严君平告诉少年：他乘坐的不是普通的木筏，而是来往于银河间的仙槎。而和少年对话的那两位神秘人物，正是天上的织女和牛郎星座啊！

【忽必烈畅游"海底世界"——渎山大玉海】

馆藏地：北京北海公园团城

如果形容一个人酒量大得惊人，我们首先想到的词就是——"海量"。这个词形容得多么活灵活现啊！大海容纳天下百川，能和它的度量相提并论的人，一定是位千杯不醉的"酒中仙"。不过，在我国元代历史上，真的出过这么一位敢和大海比酒量的传奇人物。不仅如此，他还命人模拟海底世界的真实场景，打造出了一个超级无敌大“海碗”。

这只碗名叫“渎山大玉海”，现存放在北京北海公园西侧的团城内，供游人参观。其实，它并不是一只真正的“碗”，而是一种叫做“瓮”的盛酒器皿。它高70厘米，瓮口宽达135～182厘米，从瓮口到瓮底深达55厘米，重达3500公斤，是一个名副其实的庞然大物。据记载，古人曾用它在国宴上招待宾客，一口气就装满了上千斤的美酒佳酿，让各位宾客尽情畅饮，一醉方休。

“渎山大玉海”距今已有七百多年的历史了，却依然完好如初。它厚重古朴，气势雄伟，用手在瓮壁上轻轻触摸，手感细腻而光滑，犹如拂过丝绸一般冰凉舒适。它是用什么特殊的材料制成的呢？从“渎山大玉海”几个字里，我们就能找到答案。“渎山”，在今天四川西部的岷山一代，是专门生产、加工玉石的地方。渎山玉石的颜色以黑、灰、白为主，虽然没有传统玉石的颜色招人喜爱，但它质地温润坚硬，经得住利刃刻画，被人们称为“异石”。这只大瓮，正是由渎山上开采的一整块玉石雕刻而成。考古人员估算了一下，根据大瓮的体积，加工前的整块石料大约有五吨重！十几名工匠夜以继日地埋头苦干，一共花费了5年的时间才宣告完工。艰辛漫长的雕琢，终于换来了这件惊世骇俗的镇国之宝。

大玉瓮象征着大海，因此工匠们在瓮体四周描绘了神奇梦幻的海底景色——汹涌的浪花不断翻卷、奔腾，各种各样的深海神兽在波涛中时隐时现，有海龙、海马、海鹿、海犀、海螺、海羊……它们在巨浪中玩耍、嬉戏，身上的毛发、触须、鳞甲以及舞动的翅膀都清晰可辨。你是不是头一回见识这么多稀罕的海兽？其实很多海兽并不是真的存在，而是劳动人民添加想象后创造出来的。

差点忘了告诉你：“渎山大玉瓮”的主人，也就是那位敢和大海比酒量的传奇人物，正是统一了蒙古各部落，创立大蒙古帝国的英雄忽必烈！你猜到了吗？

【一滴水的旅行——铜壶滴漏】

馆藏地:故宫博物院

人们的生活,一切都和时间紧密相连。确定各种事物发生、发展的时间,在合适的时机做相对应的事……都必须有计时的工具。一旦失去了时间概念,日子过得就会浑浑噩噩,人生也失去了原有的意义。在很久很久以前,古人就认识到了时间的重要性,但手表、挂钟等精密的计时设备还没有问世。聪明智慧的劳动人民,发明出了各种各样的巧妙计时方法。其中,铜漏壶就是一种极其重要的古代计时器具。

据考证,在距今3000年的西周时期,我国已经正式采用滴漏壶计时了。国家博物馆珍藏的这一套,是我国目前最早的多壶式铜漏壶。想知道它是如何计时的吗？跟着铜壶里的小水滴去旅行一遭吧！

铜壶滴漏共分四个台阶，每层台阶都放置有一个竖长的桶，桶上标注了各自的名字，分别是日壶、月壶、星壶、受水壶。小水滴和伙伴们，住在最高的日壶里。当计时开始，小水滴便宣布启程啦！首先，它滑过日壶的小壶嘴儿，跳落到月壶，然后是星壶，最后来到受水壶。细心的同学要问了，星壶上部怎么有一个黄豆粒大小的洞眼呢？这个呀，是为了让星壶的水始终保持一定的量。如果太多的小水滴涌向星壶，过量的水滴会从洞眼疏散出去，计算时间才能更准确。来到受水壶的小水滴四处寻找，却没找到和其他三个壶一样的小嘴儿。不过，受水壶还有更有意思的东西——一根很长的铜尺。铜尺上标有刻度，自上而下刻着 12 条横线，每条横线代表两个小时。铜尺一端有一个小木块，随着水位上升下降不断变化位置。小水滴总爱和木块叫劲，它和伙伴们把木块缓缓抬起，木块指向铜尺上的某个刻度，就是此时此刻的时间了。

明　公元 1368 年～公元 1644 年

【感动中国的好“考官”——针灸铜人】

馆藏地：湖北省博物院

考场舞弊，自古有之。只要监考官稍有大意或心术不正，便可能将有真才实学的能人拒之门外，把百无一用的庸才恭迎进门。这样一来，后果会不堪设想！尤其是治病救人、关乎性命的医学，更不容许学艺不精的家伙蒙混过关。

我国北宋有位著名的医者，名叫王惟一，是针灸疗法方面的行家。针灸是我国发明的一种独特医疗方法：用一根细细的银针，消毒后扎入人的体内，能够解除病患的痛苦。如果涉及的人体穴位较多，病人满身都会被插满小银针，几乎变成一只“银刺猬”。细长闪亮的银针，在病人柔软的肚皮、胳膊、脖颈、脚底晃晃悠悠，真让人替针灸师捏把汗！针灸会不会带来危险呢？别紧张，医生可不是随便乱扎一气，而是根据不同的病因，将银针准确刺激相应的穴位，起到治疗效果。经过几千年的摸索，人们终于弄清人体上666个穴位的位置和作用。王大夫深谙针灸之道，被宋仁宗和宋英宗聘为御用医官，专为皇帝和宫廷贵族治病。公元1025年，王惟一被任命为官方正式的针灸学家，主持全国上下的针灸教学。

自王大夫出任大宋针灸总指导以来，第一件事就是决心改革不合理的考核制度。王大夫生平最痛恨考场舞弊和考官吹“黑哨”行为，他首创“铜人测试法”，用青铜铸造了一个绝妙的教学模型，起名针灸铜人。针灸铜人和真人一般大小，全身刻有666个穴位以及经络，每个穴位对应一个小孔，小孔旁详细注明了穴位名称。铜人内部中空，胸腹腔的五脏六腑可随意拆下和移动。练习时，学生可以一边动手扎针，一边记忆穴位，为老师节省了不少气力。

铜人的作用还不止这些！它最关键的任务是担任“考官”，检验学生的针灸技术是否合格。考试前，用一层蜡将铜人表面的穴位全部遮盖住，封死所有的孔洞，然后在空心铜人内灌满清水。考核一开始，老师任意报出一个穴位名称，由学生定穴并进行针刺。如果取穴正确，针头扎入蜡层下的穴位孔，小水注马上欢快地涌出来。如果怎么也扎不进铜人的“皮肤”，很遗憾，那你就乖乖等着补考吧！

新款“铜人考官”一经推出，立即受到广大医学家欢迎。从宋代到明代，人们一直使用铜人当考官。直到明朝，英宗皇帝见旧铜人表面磨损太严重，令人重铸了一个新铜人，接替了“老考官”的工作。针灸铜人不仅铁面无私，而且心甘情愿当做考生的“针靶子”——普天下还有这么好的老师吗？

【辞旧迎新——永乐大钟】

馆藏地:北京大钟寺

各位同学,下面我给大家讲一则社会奇闻:在明朝年间,中国出了一位长寿老人,究竟他有多长寿呢?说出来会吓你一跳,他已经有600多岁了!这位老人家身子骨非常硬朗,不仅体格高大壮实,而且声音洪亮有力。只要他一声大吼,方圆百里的人家都能听得一清二楚。瞧这功力,快赶上少林绝技“狮吼功”了!怎么,你不相信?这位长寿老人就住在北京城的“大钟寺”内,跟我去认识下他吧。

走进“大钟寺”,你能看见一座高耸的楼阁,它叫做大钟楼。大钟楼建在一块巨大的青石台基上,整座钟楼高15米,分两个部分,上半部分为圆形,下半部分为方形,象征着中国古老的天地观念“天圆地方”。顺着古老的台阶,扶着八根金龙盘柱一步步向上登,你很快就会看到一个大、大、大、大个头，它就是我所说的那位“老人家”——全世界铸造年代最为久远、历史内涵最为丰富的明朝永乐大钟。

明朝永乐年间，明成祖朱棣下令铸造一口造型华美、气势雄浑的大钟，以宣扬定鼎北京的“壮举”。大钟名严华钟，钟身通高 6.75 米，口径 3.3 米，重约 46 吨——这一连串数字，是否让你有些摸不着头脑？那我给你打一个形象点的比方：如果你家住在三楼，那么巧了，严华钟和你家的阳台一般高矮；如果你今年刚好 12 岁，体重应该在 45 千克左右，那么将你放在天平的一端，把严华钟放在天平的另一端，需要多少个你才能和严华钟平衡呢？经过估算，大约需要 1330 个你！无论体型还是重量，严华钟都是名副其实的“钟中之王”。

最令人惊叹的，还是钟体内外遍布的佛经咒语。钟口铸有《金刚经》，钟内铸有《华严经》，字体工整、刚劲有力，相传是明朝大书法家沈度的手笔。想数清严华钟表面究竟多少篇经文、多少个刻字，那可一项非常浩大的工程！四名工作人员耗时近一个月，终于将结果统计出来——严华钟表面共有 17 篇经文、23 万余字，是目前世界上铭文最多的古钟。

很难想象，在没有现代化机械的明朝，古人如何让这万钧之物安然出世？永乐大钟沿袭了我国传统的泥范式和雨淋式浇铸法：将几十座熔炉沿四条槽道排开，炉内大火流金、铜汁鼎沸；当置满炉膛的万壶金汤奔泻而出，从大钟顶部四个浇冒口一股脑浇下，严华钟大钟便一气呵成了。这两种方法又称无模铸造，它省工省料，铸件的光洁度和准确性都很好。

如果把大钟看做一个巨大的果实，那么顶部的“蒲牢”就是它的“蒂”了。蒲牢一词来源于佛教。传说龙生九子，其中最喜爱音乐的就是九太子“蒲牢”，将它作为钟钮，一定能确保大钟永远不会松动滑落。如今，每逢辞旧迎新的日子来临，我们总忘不了敲响那口严华古钟。“当……当……”一声声雄浑嘹亮的钟鸣，是为古代劳动人民谱写的历史赞歌。

【龙凤头上绕——金累丝点翠凤冠】

出土地：北京昌平十三陵

馆藏地：首都博物馆

古代民间传说中常常提及，帝王出世前必有吉兆。诸如：城东头紫气冲天、凤凰展翅；城西头红光蔽日，金龙在天等等。假如这些传闻发生在今天，人们一定会猜想：哪国的外星人又来骚扰地球了？但古人却相信有“天命”存在。即便在天子脑瓜上找不出任何祥云、金龙，人们也硬要造出一点儿龙踪凤影，显示皇室无尚的尊贵和威严。于是，一顶举世无双的“帽子”诞生了。

古人称帽子为“冠”，成语“衣冠楚楚”、“冠冕堂皇”中的“冠”，指的都是它。佩戴时，不需要将头发全部盖住，而是用狭窄的冠梁遮住头顶一小部分，把头发束起来。不能遮阳，不能保暖，这样的帽子要了有啥用？千万不要小瞧了它，冠的作用大着呢！汉代时期，我国冠的种类就分成了多种。那时候，帽子可不是想戴就戴的，戴什么样的帽子更不能自己说了算。天子头戴“通天冠”，文儒头戴“进贤冠”，公卿大夫头戴“委貌冠”……不同的发冠，是区分天子、官吏、百姓身份的标志。这种冠服制度一直延续至明朝，“冠”的样式也大有改观，几乎让你认不出来了——这件金光闪闪、造型新颖的东东，真的是一顶帽子吗？

不能怨咱眼神不好，只能怪这顶帽子太花哨。帽顶上又是金龙，又是彩凤，还有不计其数的宝石、珍珠镶嵌，看得人眼花缭乱。这顶帽子名叫“凤冠”，是明朝孝靖皇后的个人财产。想当年，考古人员把它从定陵中翻出来的时候，也被它富丽堂皇的外表深深迷住了——帽顶上端，六条金丝编制的游龙升腾游走，微合的龙嘴中衔着名贵的奇珍异宝，正在欢快地吞吐嬉戏；帽顶中间，三只翠凤振动双翼，穿梭在珠宝化成的繁花绿叶之中；凤冠下部垂着六条叶状冠摆，几乎覆盖满了珍珠翠玉，好似朵朵祥云将游龙戏凤笼罩其中……制作如此精美华丽的凤冠，代价一定非同小可吧？

哎，你多虑啦！万历皇帝可是一位阔绰的主儿，区区 71 块红宝石、57 块蓝宝石、5449 颗名贵珍珠、上万缕金丝银线算得了什么？他一口气给自己的孝端、孝靖两位皇后制作了四顶凤冠，一顶比一顶华丽。有了凤冠，皇后更加光彩照人、端庄绚丽，母仪天下的高贵气质顷刻流露出来。

不过，无论凤冠多么美丽华贵，皇后也不愿意成天顶着它外出。因为，它太沉了，足足有五斤重！时间一长，那滋味能好受吗？只有在太庙祭拜祖宗、举行宫中重大庆典，皇后才迫不得已戴上沉甸甸的凤冠——繁华富贵最终竟成了无奈的负担。如果万历皇帝知道这一切，不知会作何感想？

【跟我一起“穷开心”——《宪宗元宵行乐图卷》】

馆藏地：中国国家博物院

你知道几百年前的明朝人如何过元宵节吗？明朝人不仅元宵节过得比咱们热闹、精彩，而且还穿越时空，给我们献上了来自现场的全程实况转播。没有摄像机，没有DVD，古人如何把当时的场面记录下来并展现在我们面前？他们靠的是手中的画笔和高超的画技，是不是有点不可思议？

1966年的一天，中国江苏省苏州市虎丘乡的新庄发现一座明朝墓葬，考古人员从墓中找到了100多件奇珍异宝。其中有一幅画气势恢宏，尤其引人注目。经专家考证，这是一幅描绘明朝宪宗皇帝过元宵节的行乐图，出自当时的宫廷画师之手，因此被定名为《宪宗元宵行乐图卷》。

古代皇帝常常从全国各地挑选有名的画家，高薪聘请他们留在宫中，成为自己的御用画师。尽管整天有享用不尽的锦衣玉食，还有机会与国家最高领导人亲密接触，但宫廷画师也有自己的苦恼。单纯的山水画、风景画倒好应付，凡是涉及皇亲国戚的人物画、历史事件画真令人挠破头皮。想想看，不一定每位帝王都长着一张英俊潇洒、英明神武的面孔吧？况且每位帝王的审美标准各不相同，这又直接导致每位皇后、嫔妃的相貌参差不齐，美丑各异。棘手的事儿就来啦！倘若画上的人物各个貌如潘安、美若天仙，连皇帝自己都认不出哪张面孔是自己的、哪张面孔是糟糠之妻的，准会招致龙颜大怒；倘若每一笔画得真真切切，细致到皇帝脸上每颗痣的位置、大小都分毫不差，准会再次招致龙颜大怒。这可不是闹着玩的！画师们战战兢兢、诚惶诚恐，好像提着不是画笔，而是自己的脑袋一样。画出的作品既要保证不失真，又要让皇帝看得喜笑颜开、自信满满，他才是一位聪明长寿的宫廷画家，《宪宗元宵行乐图卷》的作者就成功地做到了这一点。

这张巨幅画卷长624厘米，宽37厘米，它描绘的是明朝成化年间，帝王之家欢庆元宵佳节的热闹景象。四处都是杂耍班、闹花灯，宫内张灯结彩、人声鼎沸，几乎都能听见人们此起彼伏的笑声和叫好声——这更像是一幅街头市井的节日画面，怎么会发生在禁止高声喧哗的深宫大院里？更离奇的事还在后面呢！仔细观察，你会发现一个大腹便便、气质非凡的男人，身着不同盛装，或站、或坐，表情安详地欣赏着每一处元宵活动。你瞧，在这张局部图的左上角，他正坐在殿前围帐中，凝视着张灯结彩的繁华宫景，似乎若有所思；侍臣们则立于两旁，毕恭毕敬地等待他的吩咐。原来，这位就是明朝宪宗皇帝。难不成他会幻影分身术吗？

其实，眼前看似真实的元宵市井图，只是明宪宗自编自导自演的一场“戏”！他命人在宫中设置街市，在各个角落大玩杂耍、表演魔术、烟火表演……置身其中的明宪宗，被一种从未有过的开怀与畅快包围。说来可笑，宫墙外的百姓恨不能生在帝王将相的富贵之家；谁知深宫内的明宪宗，夜夜清梦竟是那平民里巷的渔樵耕读。

清　公元 1644 年～公元 1911 年

【大清皇帝是个“小气鬼”——金瓯永固杯】

馆藏地：故宫博物院

等等，是不是我听错了？皇帝是个“小气鬼”，说这话的人胆子可真不小！清宫里面收藏了多少天下的奇珍异宝，区区一个小金杯有啥稀罕？可咱们的乾隆爷偏偏舍不得用它，每年只有大年初一才拿出来使用一回。最稀罕的是，虽然它是酒杯，却不能用来喝酒——你是不是对这个小玩意刮目相看了？

这只金灿灿的小酒杯，称得上是世界上最漂亮、最昂贵的酒杯之一。它是乾隆年间制作的，迄今为止已有 200 多年了。可你瞧得出它已经历经这么多岁月吗？一点也不像。它依然金光夺目、熠熠生辉，似乎刚刚从工匠手中接过来一样。它全部由纯金打造，周身遍布卷草花叶，中间开放着大大小小的宝相花。宝相花是一种象征吉祥的图案，专门用来装饰重要的器物。每一朵宝相花花蕊都镶嵌着华丽的珠宝，珍珠、红宝石、蓝宝石，还有罕见的碧玺呢。碧玺也是一种装饰宝石，颜色分成红、绿、黄……当然最让人心动的，还是杯身左下角那颗粉嫩的桃花碧玺了。酒杯上凹下去的花纹缝隙中，填充着亮丽翠蓝的色彩，明晃晃、蓝汪汪，至今都没有褪去。这种特殊的蓝色似乎在哪里见过……如果你记忆够好，应该会发现它是我们的老朋友了——明朝孝端、孝靖两位皇后的凤冠上，也有一模一样的明亮蓝色！它可不是普通的颜料，而是翠鸟身上鲜翠欲滴的娇艳羽毛。工匠们把羽毛一点点儿填入金杯的缝隙，用胶水粘好，这种制作手法叫做“点翠”。200多年的岁月侵蚀，让金杯里的羽毛脱落了一部分，但我们依然能想象，当时的它有多么光彩照人。在酒杯口沿的地方装饰有一圈回形纹饰，正中可有“金瓯永固”四个字，这就是它的名字了——金瓯永固杯。

乾隆爷花重金打造的金酒杯，为什么一年才舍得用上一回呢？原来，金瓯永固杯代表着特殊的含义，象征皇室政权吉祥稳固。“瓯”本义是指瓦制的盆盂，后来被人们用来比喻疆土的完整。在乾隆爷心中，金瓯永固杯关系着江山社稷的长治久安，因此他不惜用最昂贵的九成金制作、最昂贵的珠宝装饰。而且每年的开笔仪式，乾隆都将金瓯永固杯作为重要法物，平日里当然很难见到它的尊容啦！

至于开笔仪式，可不是从乾隆爷这儿开始的，而是由雍正皇帝创制，到乾隆时真正形成。大年初一那天，皇帝来到养心殿内名叫“明窗”的房间，等待子时到来。房间里事先摆好了毛笔、纸张、砚台，还有盛满苏屠酒的金瓯永固杯。子正一到，皇帝立刻点燃蜡烛，用笔依次蘸上朱砂、黑墨，写几个吉祥字；接着许下来年的心愿，翻查一下日历，象征明年风调雨顺、国泰民安。金瓯永固杯里装的酒，可以用来驱邪避凶。原来金瓯永固杯这么神圣，怪不得乾隆帝一年才会用一次呢！

【爱看星星的爷孙俩——金嵌珍珠天球仪】

馆藏地：故宫博物院

早在刀耕火种、结绳记事的远古时代，人们就对深邃的夜空充满了好奇。无论是游牧的部落，还是航海的民族，都有了一个共同的发现：不管他们走到哪个陌生的地方，抬头总能看见一片熟悉的星空。于是，他们便把夜幕中点点的繁星连成各种美丽的星座，并给它们一一命名。从此，当远游的人们迷失了方向，只要在夜空中找到那些熟悉的星座，就一定能够踏上温暖的归家的路。

随着岁月的推移，人们也在星空中读懂了更多大自然的奥秘：花开花落、草木枯荣、鸟兽滋生，都能在闪耀的星光中找到暗示。越来越多的人开始加入天文爱好者行列，就连康熙和乾隆两位皇帝，都一发不可收拾地爱上了天文学。为了更好地观测星空，康熙命人铸造了六件天文仪器放置在观象台上，打造成了一个小型“天文观测站”。乾隆甚至在古老的天文仪器上动起了脑筋，运用西方先进的机械技术，对中国古老的浑天仪进行了一次华丽“改造”。

经过清宫造办处全体“工作人员”的努力，这个美丽奢华、灵活奇巧的天球仪终于诞生。整个天球仪都由纯金打造而成；珐琅的镂空底座上，雕刻着奔腾汹涌的滔滔海浪；奔腾的浪花中，九条威风凛凛的游龙正在追逐争抢着一个圆形的天球。天球的表面镶嵌了 3000 多颗大小不一的珍珠，在阳光下的照耀下闪闪夺目。

别光顾着欣赏它的华丽精美，天球仪还是一个令人惊叹的科学仪。在天球的表面，精确地标示出了地球的赤道、黄道、子午圈和南北极，通过它可以清楚地了解日月星辰的相互位置和运动规律。天球仪上镶嵌的晶莹钻石，可不仅仅是为了装饰哦！这些钻石还有更重要的作用，那就是代表夜空中 3242 颗闪烁的星星。钻石之间有各自的连线，把散落的星星连成了 300 个形状各异的星座。仔细观察，你会发现钻石的个头有大有小，这又有什么特殊的含义呢？原来，天球上的珍珠越大，代表的星星就越明亮耀眼。最大的珍珠象征着宇宙中最亮的一等星，最小的珍珠象征着最暗的六等星。聪明的工匠就是运用这个办法，把西方的星等原理巧妙地表达了出来。

天球仪的表演还没有到此结束！拿出一把黄金打造的小钥匙，插入天球仪顶端南部的三个小孔，再轻轻旋拧几圈，神奇一幕便发生了——静止不动的天球仪竟然慢慢旋转起来！遥不可及的浩瀚星海顷刻出现人们眼前。日升月落、斗转星移……宇宙都在我们的掌心里了。

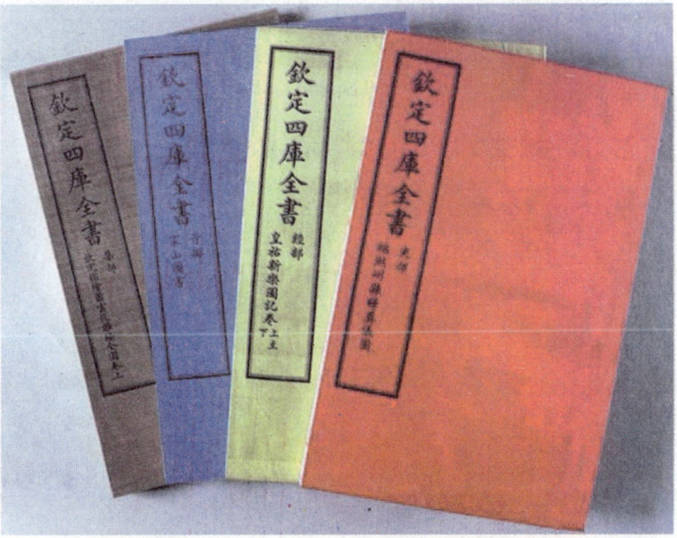

【绕着地球走一圈——文渊阁《四库全书》】

馆藏地:故宫博物院

身为中华儿女,我们都知道万里长城是中华民族的精神象征。人们常说“不到长城非好汉”,足见它在中国人心中的分量。其实,除了这座让人实现好汉梦想的长城,我国还有一道用文字搭建的纸上“长城”。它就是古代最大的丛书——《四库全书》。

中国古代历来有“盛世修书”的传统。在国家繁荣、文化兴盛的历史时期,老百姓不需要为衣食温饱而犯愁。统治者眼瞅着生活水平蹭蹭上涨,心里那个乐就甭提了。不用为国家大事操心,那剩下的时间干点啥好呢?统治者不约而同地选择潜心著述、编纂图书,很多丛书、类书等大型图书得以问世,《四库全书》正是当时的杰作之一。

虽说《四库全书》是古代最大的丛书，但外观似乎不比普通书籍大多少。这里所说的“最大”，当然不是指它的开本啦！而是其中包含的内容、册数数量惊人。这部丛书收录了上自先秦、下至清乾2000多年以来的重要书籍共3500多种，包含了古代所有重要著作和科学技术成就。这些内容变成书籍，仅页数就有200多万页，装订成36000多册，再装入6100多个函套中。如果一页接一页连起来，能环绕地球赤道走一圈半呢！

乾隆三十八年，朝廷专门设置了编辑图书的“四库全书处”，正式开始“动工”。既然是皇帝下令编纂的书，那编辑此书的人一定也非等闲之辈。主要负责人由皇帝直接任命，一般由皇室郡王、大学士、军机大臣、六部尚书以及侍郎兼任，编书者则是来自翰林院和全国各地的著名学者。据统计，在四库馆任职并列名的朝廷官员和文人学者多达360人，相当于一个“超级智囊团”。“大烟袋”纪晓岚先生，正是其中的负责人之一。

经过繁重艰苦的努力，数百名编书者陆续将全国数以万计的珍贵典籍编纂成册，分成“经、史、子、集”四部。区分它们的方法很简单——瞧瞧封面的颜色就知道了：娇嫩的葵绿意味着新春伊始，代表经部儒家经书，居群籍之首；火热的灯笼红诉说着生命的活力，代表史部历史典籍，生生不息；宁静的蓝色、玉色包容万物，代表集部百家之学；深沉的灰黑、藕色好似冬藏，代表集部诗文荟萃。怎么样，是不是一目了然呢？

全国上下只有这一套丛书，肯定不够用。为了方便保存和传播，乾隆皇帝又动用大量人力，先后将《四库全书》抄录了整本七份，送往全国各地收藏。36000多册，200多万页，全部字数加起来将是一个天文数！乾隆颁布了各种奖励措施，鼓励大家积极抄写。诸如五年内抄写200万字者，列为一等，颁发“抄写红旗手”称号；

抄写 165 万字者，列为二等，颁发“抄写小标兵”称号……按照等级，可授予州同、州判、县丞、主簿四项官职。这样一来，大家果然干劲十足！如果只求速度不求质量，字写得歪歪扭扭、横七竖八，一旦发现罚抄 10000 字，代价可惨重啦！

这套丛书从编纂到校对，前后历经 14 年，参与人数达 4200 人。很多编者从一个英俊潇洒的中年人，渐渐变成了面容沧桑的老者。正因他们的努力，才成就了中华民族一段空前绝后的文明史。

【同舟共济水让路——大禹治水玉山】

馆藏地：故宫博物院

新疆和田一带的密勒塔山，出产了很多名贵的玉石。两百多年前的某一天，山上几位石匠在开采过程中，意外发现一块2米多高的完整玉石！不不，更正一下，是座巨大的玉山！它纹理多变，色泽沉静，一看就是块雕塑的好材料。工人欣喜万分，立即向皇上汇报了玉山的消息。皇帝一听十分感兴趣，下令将玉山移到皇宫，由他亲自设计并监督雕刻。

密勒塔山距皇帝所在的北京城，约有一万多公里。要想将重达五吨的玉山搬运到京城，一定要多派几辆重型大卡车和起重机才行……打住！你这是做哪门子美梦呐？清代还没有现代运输工具，全凭人力搬动这座大玉山。为此，人们专门制作了一辆轴长11～12米的特大型木车。运输时，木车前排列一百多匹骏马，后面列有上千名役使，大家齐喊口号、前拉后推，逢山开路、遇水搭桥。这股排山倒海的气势，连愚公他老人家看了也自叹不如。虽然人手众多，但队伍的行进速度最快只能达到每天10公里左右。遇到三九严冬，人们便在路面上泼洒大量的水，低温让水迅速冻结，形成了一条滑溜溜的冰道，推行起来大为省力。就这样，上万名工人、成千匹骡马，一共奔走了四年，终于带着大玉山来到了北京城。

根据皇宫内收藏的一幅《大禹治水图》，从扬州赶来的多位雕刻高手开始围着大玉山忙活起来。前前后后用了八年的功夫，大玉山才变成今天我们看到的样子，它向人们讲述了一个家喻户晓的故事——大禹治水。工匠根据玉石的纹理，雕刻出一座座山峰，山上岩石陡峭、急流奔腾，大禹带着成群的劳动大军在山路上奋战。有的用铁锤开凿山岩，有的用铁铲挖掘砂土，有的用杠杆合力撬动巨石……工人们的精神感动了上天，连金神和雷公都赶来为大禹助阵。几路大军齐开动，洪水还不乖乖俯首听令！

大玉雕实在太大太沉了，完工后就被安放在皇宫的“乐寿堂”，直到今天都没有挪动过。在大玉山的背面，刻有乾隆皇帝为这块玉雕起的名字——“密勒塔山玉大禹治水图”。

【八仙拜寿，各显神通——黑漆彩绘祝寿钟山】

馆藏地:故宫博物院

北京故宫的奉先殿，原是清朝皇帝祭祀祖先的地方，如今陈列着皇宫收藏的上千件华贵钟表，琳琅满目、华丽多彩。它们有的从英国、法国、瑞士、日本等国远道而来；有的来自我国著名钟表匠人之手……要说其中最精美珍贵的机械钟表，当属乾隆皇帝亲自设计的黑漆彩绘群仙祝寿钟，他把这件巧夺天工的机械仪器作为六十大寿的贺礼，献给了自己亲爱的母亲。为啥不送中国传统的如意、金银，偏要送一个西洋的怪机器呢？

机械钟表起源于欧洲。自从钟表传入中国，中国的皇帝就对它表现出浓厚的兴趣，最早收藏钟表的是明朝的万历皇帝。公元

1616 年，西方的传教士开始尝试着向中国传教，意大利传教士利玛窦也是其中之一。为了讨好中国统治者，他为皇帝带来了丰厚的礼物，其中就包括一大一小两座自鸣钟。跟着滴答、滴答的清脆节奏，时针、分针、秒针有条不紊地一下下走动，这幅景象让万历皇帝非常开心，重重奖赏了利玛窦。于是，这两座自鸣钟成为皇宫收藏的第一批钟表。

与明朝皇帝相比，清朝皇帝对钟表的兴趣更是有增无减，他们想方设法收集各种各样钟表，这成了皇室成员的一种时尚。对西洋技术狂热痴迷的乾隆帝，不遗余力地收集各种奇钟异表，评价钟表的第一标准就是“新奇”。他拥有的钟表造型美观，制作精巧，件件都堪称绝世珍品。为了让母亲六十大寿过得隆重华丽，大孝子乾隆皇帝亲自参与设计，命工匠花费五年时间制作出了群仙“祝寿钟”。它高 185 厘米，宽 102 厘米，分成上下两层。无论檐角上的小兽，还是屋檐下的彩画，都严格按比例缩小，俨然是一座精巧逼真的皇家楼宇。

当然啦，它的秘密远不止这些！这个机械钟表究竟“新奇”在什么地方？看，楼阁正中有一面时钟，钟盘上的五个上弦孔，分别控制走时、报时、报刻、开关门和奏乐。钟盘内的变动布景箱和三间小屋，在固定时间会进行精彩的文艺演出。“叮叮当叮叮当……”伴随清脆悦耳的曲调，演出开始啦！三位穿着相同的“小演员”从屋子里钻出来，配合默契地敲打着手中的乐器，为人们报时；紧接着，“海屋添筹”景厢内，起伏层叠的山峦发生了变化，一位童颜鹤发的仙人脚踏祥云缓缓升起，向天宇间的楼宇飞去；“群仙祝寿”景厢内更加热闹，高耸入云的仙山之巅，拄着手杖的老寿星和八仙欢聚一堂，八仙带着奇珍异宝前来祝寿……这时候的祝寿钟，钟鼓齐鸣、仙乐袅袅，简直比听大戏、看杂耍还要过瘾呢！

名画长廊

★充满玄妙的《手画手》★

埃舍尔(1898~1972)：独一无二的荷兰大师，自称为“图形艺术家”。他的绘画精密、准确、规则、秩序，充满了数学味道，并且充满着悖论和不可能的情况，他让人真正地感受到“眼见未必是实”。

中学毕业后，埃舍尔在建筑装饰艺术学院修读建筑学，得到美术老师梅斯昆泰的熏陶，对装饰设计艺术产生浓厚兴趣。自打那时开始，埃舍尔的生活便和他的作品连在一起。埃舍尔多次表现数学上有趣的“茂比乌斯带”，当一条丝带被扭曲后，将两端连在一起，则丝带的正面和反面是相间地连接起来的。但这种曲面带的现象若由平面图画表达出来则毫不容易。

埃舍尔作画时的专注也是无人能比。一天清晨，人们在埃舍尔家窗外的垃圾箱里发现了似乎已经断了气的他，清扫工叫来了警察。后来查明，这不是尸体，而是从窗口失足跌落的画家。原来那天他回家后端着一杯咖啡躺在床上作了一幅将内部空间翻于外部的图画，可见他作画时是多么专注。在他的艺术世界里竟存在同时能看到前面和后面的立方体，这在通常的世界中是无法做到的。值得一提的还有他那把叫“梯子”的作品。当你顺着这把梯子向上爬去，你必然会下降到下边。这把梯子就是让妻子爬上屋顶去晾晒衣服，也不可避免地会下降到储藏糕饼和葡萄酒的地下室。

埃舍尔是个图形天才，他为我们创造了一个完全不同的世界，这就是埃舍尔独特的魅力!

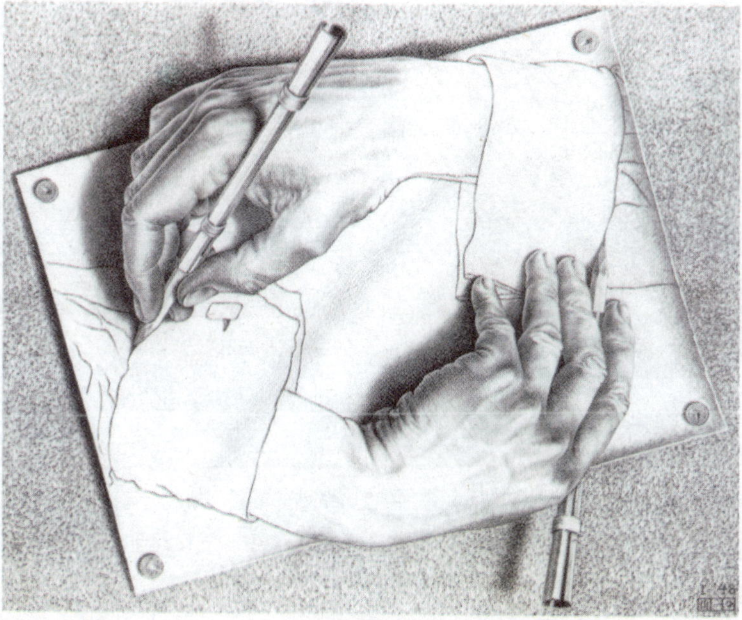

手画手

这是画家的传世名作《手画手》。画面上有两只都正在执笔画画的手,初看平淡无奇,可是仔细看时,就会感到充满玄妙,一只右手正在仔细地绘画左手的衣袖,并且很快就可以画完了,与此同时,左手也正在执笔,异常仔细地描绘右手,并且也正好处于快要结束的部位。究竟是左手画右手,还是右手画左手?画家把无限的疑惑留给我们,无论如何去看,我们都无法分辨清楚。这两只手都很有立体感,形象逼真、生动,就连手的皱纹也表现得淋漓尽致。就在这样的一幅画上,荒谬和真实,可能与不可能交织在一起,使画面充满了思辨哲学的意味。

★独具个性的《玛丽莲·梦露双联画》★

沃霍尔(1928～1987):美国画家,波普艺术的代表人物。

Tips: 波普艺术是20世纪60至70年代盛行的艺术流派,波普是流行、通俗的意思。艺术家把现成流行的元素,比如广告、啤酒瓶、照片以及各种废弃物等进行拼贴、复制等。

沃霍尔在少年时代就已经是个锋芒毕露的艺术学生,在师长的鼓励下,他决定到纽约这个艺术熔炉去闯一闯。刚开始,他只为书刊负责插图和设计工作,后来很快便在纽约流行艺术界闯出名堂,他的绘画中常出现涂污的报纸网纹、油墨不干的版面、套印不准的粗糙影像,让人像看电视一闪而过,而不是欣赏绘画般仔细观看。他喜欢完全取消艺术创作的手工操作,经常直接将美钞、罐头盒、垃圾及名人照片一起贴在画布上,打破了高雅与通俗的界限,深受世人的瞩目。

沃霍尔不仅是波普艺术的领袖人物,还是电影制片人、作家、摇滚乐作曲者、出版商,是纽约社交界、艺术界大红大紫的明星式艺术家。他的作品风格体现出了实用主义、商业主义,兼具多元化和幽默性。"每个人都能当上15分钟的名人",这是安迪·沃霍尔留给媒体时代最乐观的预言。以其对当今艺术的巨大影响而言,无论是对于当时他所处的时代还是现在,对于美国还是世界,安迪·沃霍尔都是个传奇人物。

玛丽莲·梦露双联画

1962年，好莱坞女星玛丽莲·梦露自杀身亡，成为谜一般的传奇，沃霍尔即用了她在《尼加拉》当中的剧照，创作了大量的肖像，有单独一幅的，也有众多图像摆放在一起的。这幅《玛丽莲·梦露双联画》，是波普艺术的代表性作品。沃霍尔如同垒砖墙一样重复排列梦露的形象，并采取了丝网印刷的技术，在制作过程中，他有意识地套版不准确，造成色彩浓淡不均匀、模糊不清以及色彩错位等效果，使画面看上去质地低劣，让人看后感觉大众化、粗俗化。画家的目的就是让人们在深深地记住梦露这张漂亮的脸的同时，有种异样的感觉——虽然她万众瞩目，但是内心仍然是孤独的，最终也无法逃脱悲惨的命运。

★富有东方神韵的《侍女》★

林风眠（1900～1991）：中国现代艺术的典范。受蔡元培“美育代宗教”思想影响，他倡导新艺术运动，自己则身体力行，实践着“中西结合”的创作理念。林风眠不仅是一位艺术家，还是杰出的艺术教育家，是中国现代美术教育的主要奠基者之一。

林风眠出生于广东梅县，早年赴法勤工俭学，进入巴黎高等美术学院学习绘画。他力主掀起艺术运动，希望唤起民族觉醒。“林风眠吃透了东西方艺术的共通规律，他咀嚼着西方现代绘画的形式美，用传统绘画的气韵生动来消化它。”“林风眠绘画的中西结合就是以中国韵律为骨干，画面中形的变化转折服从韵律的指挥，一如声腔决定吐词发音的短长。”著名画家吴冠中给予了他的老师极高的评价。

在担任杭州艺专校长时，林风眠主张“兼容并包、学术自由”的艺术教育思想，广纳贤才。在当时的教学中，林风眠让潘天寿教中国水墨画和书法，还聘请木匠出身的齐白石教授国画；同时聘请法国教授克罗多讲授西画，让留学法国的方干明、吴大羽教素描和油画。课程里除了学习中国文化还安排了法语课。这种教学让学生们受益匪浅，他们的知识结构就是并举了东西方两条艺术文化线索。林风眠锐意革新的艺术理念影响了大批学生，培养了李可染、赵无极、朱德群、吴冠中、王朝闻、苏天赐等艺术名家。

侍女

给人一种超凡脱俗的感觉，仿佛水月观音的形象。面部色彩和背景形成鲜明的对比，走出了一般人的格式化，形成了自己独特的风格。画面色彩丰富，但不杂乱，明快但不轻浮，就好像感到了绘画的时代气息，可以让人品味良久而不忍离去。

★难忘的《记忆的永恒》★

达利(1904～1989):超现实主义大师,有画坛"怪才"、"20世纪艺术魔法大师"之称。他的作品千奇百怪,充满魔幻色彩、梦呓般的形象,同时他也是一个褒贬不一、备受争议的人物,但其作品却拥有历久不衰的美誉。

Tips: 超现实主义是以"超现实"、"超理智"的梦境、幻觉等作为艺术创作的源泉,认为只有这种超越现实的"无意识"世界才能摆脱一切束缚,最真实地显示客观事实的真面目。

"六岁时,我想当厨师,七岁时,我想当拿破仑。大家必然都知道世界仅存的天才就是达利。"——这就是狂妄而桀骜不驯的达利——出生于西班牙,世界著名的超现实主义画家。他的一生犹如不断燃放的烟火,充满了带有戏剧色彩的故事。

童年的达利是一个清秀而又充满特殊好奇心的男孩,他很早就表现出非同一般的艺术天才,在家里他是个小霸王,敏感而又难以相处。他感到什么都不够好,他最爱奇装异服,在收到的节日礼物中,有件华美的王袍,一顶装饰着玉石的金冠和一件真正白茸皮里子的披风,小达利常常穿着这象征王权的礼服在窄小的洗衣房里作画。小学时,他宁愿花时间去发展他强烈的表现欲而不愿意去做其他孩子所做的事情——获取高分。

达利认为长头发、长眉毛是艺术家的特征，胡子则是艺术家的骄傲。达利把自己的胡子比作蝴蝶的触角，只有出色的艺术家才会有上翘的胡子。随着达利的胡子奇迹般地快速生长，胡子的尖端甚至超过了眼眉。只要涂抹了匈牙利胡蜡，那两撇胡子可以扭曲或指向任何方向。达利认为许多人来探访他，并不是为了他的伟大的画，而是对他优美的胡子感兴趣。他的怪诞性格由此可见一斑。

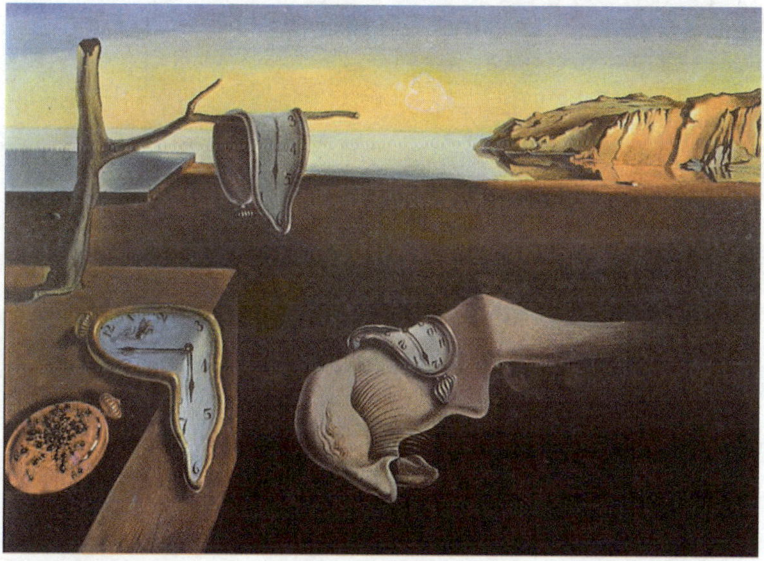

记忆的永恒

《记忆的永恒》表现了一个错乱的梦幻世界。清晰的物体无序地散落在画面上，那湿面饼般软塌塌的钟表尤其令人过目难忘。代表人类的潜意识里，有种愈来愈糟的失望感，主角是时间，也意味着对青春白白浪费的恐惧。无限深远的背景，给人以虚幻冷寂，怅然若失之感。

★幻象世界的符号作品《女儿与蝴蝶》★

米罗（1893～1983）：超现实主义绘画的伟大天才之一。米罗艺术的卓越之处，并不在于他的肖像画或绘画结构，而是他的作品充满幻想、幽默。米罗的空想世界非常生动，他的数字符号和野兽，甚至还有那无生命的物体，都体现了一种热情的活力。

米罗出生于西班牙，那是诞生了毕加索和达利的国度。他14岁进巴塞罗那美术学校，22岁时因不满官方学院教学，决定走自己的路。25岁在家乡举办了第一次个人画展，26岁迁居巴黎，从此开始了漫长的艺术生涯。

米罗的超现实主义绘画具有鲜明的个人风格：简略的形状、强调笔触的点法、精心安排的背景环境，奇思遐想、幽默趣味和清新的感觉。在米罗的画中，使观众不可抗拒的魔力到底是什么呢？是形吗？在他的画中没有什么形，一些类似小孩子在墙上乱涂乱画的原始形状，类似原始人在山崖上刻下的标记。是色吗？米罗的颜色简单到只有几种基本色：蓝、朱、黄、绿，他精打细算地使用它们，可准确之极。米罗作画以假装漫不经心的笔划在画布上自由弯曲、伸展游动，毫不考虑它们之间的相互关系以及空间深度的要求，血红色或古蓝色的各式形状，散布在深浅不同的背景上，大小相间着的黑点、黑团、黑块，像爆炸四溅的宇宙流星。这些形似鬼魂、石珊瑚、变形虫、乱针线的东西，共同构成一个反复无常的滑稽世界，一个多彩多姿的梦幻世界。

米罗的作品是令人愉快的，其画面洋溢着自由天真的气息，往往人见人爱。

女儿与蝴蝶

《女儿与蝴蝶》作品简洁单纯，幽默自然，富于想象，有如梦境，使画面中充满戏剧效果，带给人视觉与心灵的震撼。

★超现实主义风格的《对开火车》★

马格利特(1898～1967)：比利时画家，“超现实主义画派”的代表人物。他的作品主题专注于奇幻、魔幻，充满特殊想象，形成了独具一格的画风。

马格利特喜欢将突兀、不合理的事物排列，同时营造一种宁静、近似恍惚的气氛，借此表达他对神秘世界的感觉。他与达利不同之处在于，他不以绘画去表现个人的困惑或幻想，而是用智慧、讽刺的手法表现社会存在的问题。

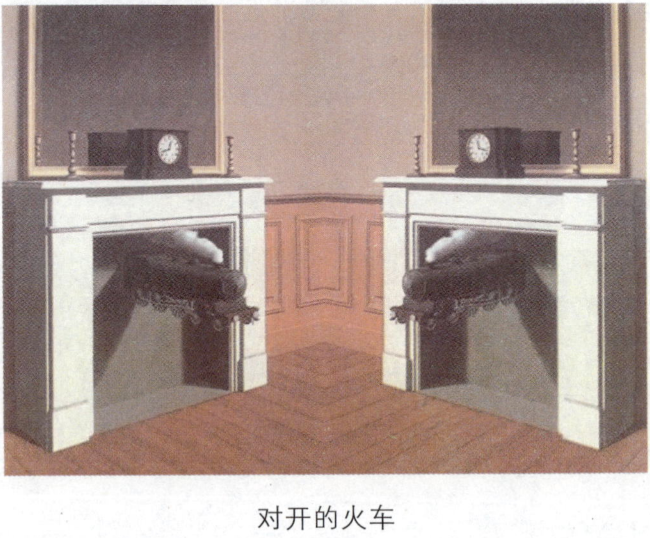

对开的火车

这是一个安静的角落，两辆对开的火车打破了宁静的画面，在视觉上产生了强烈的冲击力。

★金碧辉煌的肖像画《阿黛尔·布洛赫男爵》★

克里姆特（1862～1918）：奥地利“分离画派”的创始人。他结合平面装饰手法，创造出了具有装饰效果的绘画风格。

克里姆特出生于维也纳，14 岁进入工艺美术学校，接受长达 17 年的学院式的基础绘画训练，毕业后与其弟及友人为国内外绘制壁画。他早期的作品基本上采用传统的表现方法，以严谨的造型和浓厚的色彩为特征。后来他成立了“分离派”，反对古典学院派艺术，宣称与其分离，主张创新，追求强烈的审美效果和装饰趣味。

克里姆特的画具有“镶嵌风格”。由于他对色彩强烈、线条明快的中国画和东方艺术产生了浓厚的兴趣，致使他的画风又发生新的变化，在表现内容上采用了工艺的手法，用羽毛、金属、玻璃、宝石等材料进行镶嵌，使作品显得十分华丽。

他的作品构图严谨细致，修长变形与写实相结合的人物造型，被包围在充满抽象、象征、甚至神秘意味的气氛中，具有花坛般的装饰美。

阿黛尔·布洛赫男爵

画面以金色作背景底纹，各式金黄色纹样图案构成的衣饰包裹着人物，整个画面显得高贵华美、优雅，可谓金碧辉煌。

★装饰画格调的《静坐》★

席勒(1890～1918):20世纪初奥地利绘画巨子，表现主义画家，维也纳分离派的重要代表。他的作品具有明显的装饰风格，在短暂的八年时间里创作了许多惊世骇俗的作品。

小时候的席勒酷爱绘画，常常以妹妹作为模特，创作了大量的作品。后来席勒如愿以偿地拜访到他的偶像，后来成为他的导师的克里姆特。克里姆特日后给了席勒数不清的帮助，购买席勒的画作，有时候用他自己的画跟席勒交换。

20 岁的时候，席勒以他特有的冷静观察着世界，小镇子上的老教堂，眼神阴郁的神父，出入教堂的民众们，身穿镶满花边的裙装的女人，拿着农具的农夫。有时候他还去维也纳大学精神病院观察精神病患者，画了大量的素材。在临时居住的小镇里，席勒被当地居民以无视传统道德，投诉到了警察那里并很快被带去坐牢。在坐牢期间，他的画作被当众销毁。也是在这次坐牢的 24 天里，这个 22 岁的年轻人画了 13 幅作品，都代表了他与众不同的性格。

第一次世界大战爆发，席勒又被迫去服兵役，成为一名最没有战斗愿望的陆军士兵。大感冒流行欧洲，他被妻子传染，在 28 岁那年离开人世，留下的只有在各种不安的境遇中完成的绘画。

静坐

这幅作品，画家运用了浓烈的色调和夸张的动作，表现出了一个静坐的女性的神态，作品张扬着明显的装饰风格。

★怀乡主义风格的《戴着浣熊皮帽的男孩》★

怀斯（1917～2009）：是美国超级写实主义绘画的代表人物。作品多表现美国乡村田园生活，造型准确，描绘细致入微，具有超级写实风格，同时又流露出感伤的情调，颇能引起人们心灵的共鸣和喜爱。

安德鲁·怀斯被赞誉为美国“怀乡写实主义”绘画大师，他以写实的手法描绘他熟悉的乡土景物，创造出独特的画风。他先后被三届美国总统肯尼迪、里根、布什分别授予“总统自由勋章”、“金质总统勋章”和“国会金质章”。

怀斯20岁时便在纽约举行首次个人画展，他画的风景水彩画很快销售一空，但他没有像大多数艺术家一样移居到大城市，而是一生住在故乡，从不去旅行。他的作品多取材于身边的景致和人物，力图在最简单、最平凡、最直接的事物中寻找灵感和意蕴。

怀斯的绘画，往往透过乡村小屋、山野鸟兽和朴实的小人物，表现存在于人类内心的孤寂感。他经常被那些能够表现岁月流逝的东西所吸引，他喜欢用断墙、破糊墙纸、穿旧的衣服、倾斜的水桶、篮子、废弃的大车来暗示光明易逝。这些静物虽都不漂亮，但却自然真实、亲切纯朴，在平凡中令人惊奇，发人深思。

他很少画春日和盛夏，而喜爱冬季和秋天的落叶。他的风景有着令人神往的力量，唤起人们对故乡的怀恋和对逝去时光的回忆。那老人、孤屋、村妇、鸟兽、草木和那神秘的缕缕斜阳的余晖，仿佛在述说着宇宙中、天地间的平凡故事。那凝固了的空气、静寂的天籁之声与丝丝淡淡的哀愁，向世人展示了大自然和艺术家融合的杰作。

戴着浣熊皮帽的男孩

这个戴着浣熊皮帽的男孩，是画家的小儿子杰米。大概是淘气了，一个人走到了一个离家很远的野地。他静静地坐在草地上，好像在期盼能找到回家的路。

★灰与黑的协奏曲：《母亲》肖像★

惠斯勒（1834～1903）：美国画家，代表作《在钢琴旁》、《白衣女郎》曾引起轰动。晚年作品追求东方趣味，画中少女常穿日本和服并摆上几件中国瓷器。1892年他的作品回顾展，使他得到美国大众认可，同时他又担任英国大不列颠美术家协会主席，法国也授予他荣誉"军团骑士"的称号。

惠斯勒出生在美国马萨诸塞州，父亲退役后担任铁路工程师赴俄国工作，在他15岁时，父亲病逝，他随母亲回美国后加入西点军校。当时军校的教授为这个固执的"差等生"伤透了脑筋，有位工程专业教授让同学们设计一座桥，惠斯勒的设计图上是绿草如茵的河岸，一座充满浪漫色彩的小石桥，还有两个儿童在桥上垂钓。教授命令惠斯勒重新画，给他的批示是："把那两个孩子给我从桥上撵走，这是军事桥梁！"几天后，惠斯勒交回作业。这次，钓鱼的孩子被从桥上转移到了岸边。教授气急败坏地批示道："我叫你把这两个孩子去掉，把他们从图上彻底删除！！！否则你的成绩将是不及格。"当天下午，修改过的图纸就出现在教授的办公桌上。教授一看，图中果然不见了小孩的踪影，心里正高兴，突然发现河岸边多了两个小坟头，墓碑上刻着："永悼被独裁者谋杀的小天使——吉姆和埃娃"。惠斯勒终因多门功课不及格而被军校开除。

26岁那年他因为才华不被理解，只好迁居伦敦，开设自己的画室，从事创作活动。19世纪80年代之后，惠斯勒作为唯美主义重要代表画家受到人们的注意，他的艺术也逐渐为人们所接受，声望日增。

惠斯勒的性格怪诞孤僻，惊世骇俗，剑拔弩张；而他的艺术却给人以静谧、清新、和谐的美感，就像旋律优美的乐曲那样使人心醉神迷。惠斯勒在作画时喜欢一气呵成，他那横扫的笔触流畅生动，很少有人能与之媲美。他往往要反复画几遍，一次不满意就全部刮掉，再重新画一遍，这样重画几遍的画，色调变化非常微妙。

母亲

肖像画《母亲》是惠斯勒的一幅重要作品，也是一幅极能代表画家绘画风格的作品。画面被大面积的黑色和灰色所占据。母亲坐在房间的椅子上，神态安详、面容慈爱，脖子上围着白色纱巾，手上拿着白色手绢，身上黑色的衣裙把整个椅子都遮盖了，墙壁和地板都是纯粹的灰色，与母亲的黑色衣裙和黑色的窗帘、椅子形成了和谐的对照。窗帘上的白色小花朵，星星点点，仿佛是跳动的音符。灰色的墙上挂着一只画框，画上白色的背景与画面上另外几处的白色形成了呼应，如同黑色和灰色的交响曲中突然升起的白色音符，对比鲜明、强烈，使画面增添了生机和情趣，也淡化了画面上黑灰两种颜色的过分单调，从而营造出了一个充满诗意和神秘色彩的氛围。

★惊恐的《呐喊》★

蒙克（1863～1944）：挪威著名的画家，20 世纪表现主义艺术的先驱。他擅长表现苦难、爱情、死亡等主题。

Tips: 表现主义强调表现艺术家的主观感情和自我感受，从而导致对客观形态的夸张、变形乃至怪诞处理。作品的主题多反映人物内心的焦虑、恐怖、爱与恨等。

蒙克出生于挪威。苦难童年和家庭悲剧使他的心灵深受伤害，对他后来的艺术产生了重大影响。蒙克的母亲在他 5 岁时就因肺病撒手人寰，蒙克最爱的姐姐在他 15 岁时也因肺病离去，妹妹常年患精神病。成年后，他的父亲和弟弟也相继离世。一连串的丧亲之痛，使他承受了常人难以想象的痛苦和绝望。因此，长期积累在画家心里的情绪，包括对生活的绝望和对死亡的恐怖、痛恨、无奈等，需要一种本能的发泄。画家在忧郁、惊恐的精神控制下，以扭曲的线条表现他眼中的悲惨人生。特别是西方现代社会，战争、疾病的威胁，信仰的危机，沉重的生活压力，失业的困扰等，让人不堪负荷，因而这种深入骨髓的发泄和本能的恐慌也就很容易为人理解了。这也是蒙克画作拥有永恒生命力的社会基础。

呐喊

蒙克于1893年所作的油画《呐喊》，是他最重要的作品。在这幅画上，蒙克以极度夸张的笔法，描绘了一个变了形的尖叫的人物形象，把人类极端的孤独和苦闷，以及那种在无垠宇宙面前的恐惧之情，表现得淋漓尽致。关于这幅作品，蒙克自己有一段记述："我和两个朋友一起去散步，太阳快要落山时，突然间，天空变得血一样的红，我感到一声刺耳的尖叫穿过天地间；我仿佛可以听到这一尖叫的声音。我呆呆地伫立在栏杆旁，感到十分恐惧，害怕。"

★卡通王国里的《花园里的姐妹》★

刘野：1964 年生于北京，毕业于中央美术学院壁画专业。从 1992 年开始，刘野画长着圆脸盘、有点卡通化的儿童造型。这些小圆脸有时在幕布前合唱，有时站在峰巅、松畔品味蒙德里安的冷抽象杰作，身份神秘而神情自若，处于真实与虚幻之间。这些小圆脸成为刘野独来独往于自我内心世界的艺术写照。

刘野早在幼儿园时就爱画画，经常得到老师的鼓励和夸奖。少年刘野觉得，画画是最愉快的事。他常常能一个人在家连续画画几个小时，"小兵张嘎"、"小英雄雨来"都是他临摹的对象。后来刘野进入北京工艺美校学习工业设计。在那里，他第一次接触到了蒙德里安的作品，还学到了很多立体构成、平面构成等方面的知识。也是在这一时期，刘野开始给父亲的儿童小说配些插图，并在连环画报上发表些作品。他对卡通形象的驾驭逐渐轻车熟路。

刘野的画里多是些头大身小的卡通人儿，有着大大的眼睛，单纯的笑容和纯色的背景。小小主人公，漫游在奇境里：可能是在军舰游弋的海面上，上空正驶过喷气式飞机；或是挂着红色帷幔的舞台，一个望得见麦田的房间。阮玲玉在他笔下有了浑圆的脸庞，深陷在蓝背景里，眼睛含着一滴泪水。你知道他说的是成人的故事，却看见孩子气的脸；似乎是纯然的美，但不知何故，让人忧伤。

花园里的姐妹

这件作品从构思到完成耗时长达一年，是刘野同类型作品中尺幅最大的一件。画面上五彩的格子代表开满花朵的花园，天真的小女孩代表未来和希望。刘野希望这件特别的作品能给孩子们带来欢快与愉悦。

★可爱的《宫娥》★

委拉斯贵支（1599～1660）：西班牙现实主义绘画艺术最伟大的代表人物。绘画史上最伟大的“宫廷画师”之一。

委拉斯贵支的父亲是法律界的一位颇有名望的成功人士，特别希望他能够子承父业，所以送他去学习法律，但他所喜爱的却是绘画。他的父亲似乎比许多艺术家的父亲都要明智，当他发现儿子在绘画方面的非凡天赋之后，毅然决定终止法律课程的学习，将12岁的委拉斯贵支送到画家帕奇科那里学习绘画。

很快委拉斯贵支就显示出他扎实的绘画功力和非凡的色彩感悟力。此时，西班牙国王菲力浦四世即位，这位国王对艺术十分痴迷，委拉斯贵支就为国王画了一幅肖像，令国王大为欢喜，立即任命委拉斯贵支为宫廷画师。据说这位国王爱艺术胜于爱江山，他疏于朝政，而把时间大量地消磨在委拉斯贵支的画室里。因为怕引人闲话，他还开凿出一条地道，从宫中直通委拉斯贵支的画室，以便神不知鬼不觉地去到那里，与艺术家高谈阔论。

委拉斯贵支大多数作品都取材于宫廷生活，作品透露出高雅而庄重的贵族意趣，技巧也十分完美纯熟。同时他也将自己创作的领域拓展得更广阔，市井民俗和历史故事也经常出现在他的作品当中。画家的这些用心之作，即使在今天，将它们放到众多大师的作品当中进行比较，也毫不逊色。

宫娥

这是一幅描绘宫廷里的日常生活的画作，具有令人惊异的纵深与真实感。画家把这些皇室成员置于一个很高的大厅，稚气的小公主玛格丽特占据了画面的中心位置，一名宫女向她跪献水杯，左侧是拿着画笔的画家本人，右侧有光线从窗外射进来，后面墙上悬挂着的镜子反射出站在画家面前的国王夫妇。画家就像今天的照相机快门一样，用他的画笔记录下了一瞬间的情景。令人惊讶的是，所有的形体、空间、色彩、质感、明暗，画家仅用草草几笔便将它们全部概括了，从局部看去似乎看不出什么名堂，但稍稍拉开一点距离，却会感觉到这一切再生动真实不过了，最精湛的笔法和最微妙的和谐都在画面的表象之下隐藏起来。

★空间之美：《阿尔诺弗尼夫妇像》★

杨·凡·爱克（1380～1441）：是欧洲尼德兰文艺复兴的代表人物，与他的哥哥胡·凡·爱克一道并称为油画之父。他们兄弟俩在前人经验的基础上改进了油画颜料，并将中世纪遗留下来的细密画形式转换成了富有时代特征的新型油画，在历史上正式确立了油画的地位。

14世纪末叶，杨·凡·爱克诞生于比利时、荷兰与德国接壤的地方。在他30岁时，已成为当地颇有名气的画家。杨·凡·爱克精通多国语言，除了荷兰语之外，还会写有法语、拉丁语、希腊语、希伯来语的铭文。他最大成就就是找到了一种简便的用油溶化颜料作画的方法，创作了纯粹的油画。美术史家虽不能断定凡·爱克兄弟是油画的发明者，但至少他们是在前人试验的基础上找到了一种理想的以油脂为主的绘画媒剂配方。不少专家认为他们最大的功绩是在油脂中加入了天然树脂，使得行笔流畅。

阿尔诺弗尼夫妇像

这幅画以法兰德尔富商的家作为场景，阿尔诺弗尼夫妇合手站立着。屋里没有刻意的修饰，但我们从悬挂的吊灯、衣着的华贵、两人牵手之间的被褥等等，可以看出主人的财力。同时我们可以看出作者表现室内的每件家具，是何等的精制绝妙。窗口射入的阳光、受阳光照射而熠熠发光的铜吊灯、正中央的凸镜、男主人身上无袖披风的裘皮边等等，具有惊人的真实感。

画面上我们只能看见房间的后半部，但是通过画面中央的凸面镜，我们恰好看见了房间的前面部分：左边敞开的窗户、右边连着天花的床、中间的吊灯、还有阿尔诺弗尼夫妇的背影，甚至有正开着的门，两位客人正走进屋来，这些细节杨·凡·爱克都精细地表现了出来。作品在光影、体积、空间、质感的塑造上，在色彩的饱和度、鲜艳度、刻画的精确度、真实程度和深入程度上都超越了同时代的画家，但最主要的是绘画材料学意义上的划时代的突破。

★快乐的《吹笛少年》★

马奈（1832～1883）：是法国印象主义画派中的著名画家，他的画既有传统绘画坚实的造型，又有印象主义画派明亮、鲜艳、充满光感的色彩，可以说他是一个承上启下的重要画家。

马奈出生于巴黎，父亲是司法部官员，自幼受到良好的家庭教育。16岁那年，他向父母表明了自己想成为一个画家的志向，而父亲让他报考海军学校但并没被录取。后来，他作为见习水手，在航行中画了大量的肖像速写和漫画，他的坚定志向终于迫使父母同意他去学习绘画。

马奈对印象派画家的创作一直十分关注，经常在一起讨论对艺术的见解。他和莫奈经常去塞纳河畔画画，他广泛地运用光的分散和聚合作用，色彩明亮轻快，笔触流畅。马奈的成就主要体现在人物画方面，他第一个把印象主义的光和色彩带进了人物画，开创了印象主义画风。

吹笛少年

这幅画表现一个皇家卫队的年轻骑兵正在吹短笛。马奈有意识地模仿了日本的浮世绘版画，运用三种基本色调——红色裤子、黑色上衣以及赭石色的背景。红色裤子两边的黑色边线，与黑色上衣连成一气，红、黑两色间的关系，被马奈以金黄色的衣扣和吹笛少年肩上的白色披带突显出来。作品用几乎没有影子的平面人物画法，简洁的背景使人物十分突出，从这里我们可以看到马奈的才气和自负感。

★朦胧美的《睡莲》★

莫奈(1840～1926):法国近代绘画史上最杰出的印象派画家。喜欢采用原色主义和色调分割等方法,去表现强烈的光色变化,标志着印象主义的产生。

Tips: 印象派是西方绘画史上划时代的艺术流派。印象派画家认为,景物在不同的光照条件下有不同的颜色,他们的使命便是忠实地刻画在变动不居的光照条件下的景物的"真实",这种瞬间的真实不恰恰就是一种转瞬即逝的"印象"吗?而印象派画家把这种"瞬间"永恒地记录在了画布上。

有一年,莫奈到英国伦敦著名的威斯敏斯特教堂去写生。作画时,伦敦市正是雾霭重重,茫茫一片,教堂在迷雾中半遮半掩,若隐若现,像仙宫一样罩着神秘的面纱。莫奈被眼前的景色陶醉了,他激情勃发,大笔挥洒,一幅杰作很快问世了。

谁知,这幅画在伦敦展出时却掀起了一场风波。人们都十分崇拜莫奈的绘画艺术,但对他这幅画中的雾却不以为然,大加议论。原来,莫奈在画上把雾的颜色画成了紫红色。雾怎么会是紫红色的呢?莫奈真是胆大妄为,标新立异,哗众取宠!然而,当激愤的人群走出展览大厅,抬头望去,都不禁大吃一惊,他们几乎不敢相信自己的眼睛!他们发现:伦敦上空的雾的的确确是紫红的,莫奈没有丝毫的错！

这是怎么回事呢？原来，当时英国的工业很发达，特别是在伦敦，工厂非常多。伦敦上空烟囱林立，浓烟滚滚，空气中弥漫着工厂排出的各种有害气体、煤尘和灰色颗粒。这些空气中的杂质遇到水蒸气之后，就凝结成小水珠，成为大雾，而且常常一连几天都不退去，给伦敦市民的日常工作和生活带来了很大的麻烦。这种大雾在阳光的照射下，就呈现出紫红色。

这种反常的现象人们却熟视无睹，而是被注重研究光和色彩微妙变化的莫奈无意中在写生时发现了，并最先反映在画中。

睡莲

《睡莲》是莫奈晚年的作品，以令人叫绝的技法，在垂直的平面上描绘出波光粼粼的水面向远处延伸的视觉效果。在大师的笔下，睡莲的叶子是纯绿色的，而花朵却像暗红的火焰。看似随意的彩色线条笔触柔美，似乎让水流动起来，又像是捉住了一瞬间水面似真似幻的光和影。睡莲开在水里，淡定从容地伸向天空，没有纷扰，无忧无虑地仰望苍穹。《睡莲》可以说是莫奈一生对光与影表现技法的总结。

★自信的《微笑的骑士》★

哈尔斯(约1580～1666)：17世纪荷兰著名的现实主义肖像画家。哈尔斯主要画肖像画，达到了“形似”和“神似”的完美结合，手法奔放、独具一格。

哈尔斯出生于比利时一个工人家庭，幼年时随父迁居荷兰海港城市哈勒姆，少年时就拜在名师门下学习，是哈勒姆绘画学校天才卓著的优秀学生。哈尔斯一生穷困潦倒，嗜酒如命，但始终保持着对生活的热情，把笑的瞬间永远留在画板上。

17世纪二三十年代，哈尔斯绘制了许多带有肖像画性质的风俗画，塑造了从军官、富裕的中产者一直到社会底层人物的各种典型形象。这类风俗画充满了欢乐而爽朗的情绪，画中人看上去大多健康而愉悦。哈尔斯在风俗肖像画上的突出特色在于善于抓住人物内心，用笔粗犷却不失真。

微笑的骑士

《微笑的骑士》作于1642年，成画过程还有一段小故事：有一天，哈尔斯在酒馆里斥责前来寻找他的妻子，恰巧被一位外地来的骑士看见了，这个骑士便上前阻止这个酒鬼，两人冲突了起来。当骑士耳闻前来劝架的人称呼此人是“画家先生”，再看看眼前这个醉醺醺的酒鬼，不禁轻蔑地一笑。酒鬼看出了骑士目光中的鄙夷，甩脱众人，打开画包，取出绘画工具，在画板上飞快地描绘起来。一会儿，在众人面前便出现了骑士那充满鄙视与不屑的笑容。骑士大吃一惊，这幅素描活脱脱就是他瞬间神情的写照，他不禁为刚才冒犯了这位画家而抱歉。酒鬼也一扫不快，挟骑士的手臂，两人推杯换盏。回家清醒后，画家调理色彩完整地绘制了这幅千古佳作《微笑的骑士》。

★浪漫的《舟发西苔岛》★

华多(1684～1721):法国著名画家,洛可可艺术的代表人物。他的作品充满了梦幻般的色彩,艳丽典雅,很好地符合当时人们的生活情趣。

Tips: 洛可可是以岩石和蚌壳制作的装饰物,在绘画上则追求一种华丽雕琢、纤巧繁琐的艺术样式。

华多1684年10月10日生于法比交界的一个村子,父亲是泥瓦匠,因为生活不富裕,很早就让华多做小工。但是华多特别喜欢画画,虽然买颜料的钱也没有,但到了19岁,他毅然决定去当画家,去往艺术之都的巴黎。戏剧布景画家吉罗特看出华多的才能,就把他收为自己的学生,华多这才有个落脚之处,可以用功学习。此后他的技法日渐成熟,就做了装饰画家安德兰的的学生,他悉心研究17世纪绘画大师的色彩技巧,深受鲁本斯和其他17世纪荷兰画家的影响,使自己的艺术进入一个新阶段。

1709年,华多初次参加绘画比赛未能获奖,便回到故乡埋头用功,刻苦地画画。1712年,他的画意外地被美术院的会员们发现,当时华多刚29岁,他被评为出色的天才,一跃成为享有盛誉的美术院会员。此后他开始出入宫廷,和贵族、体面人往来,并出现在优雅的贵妇人的沙龙里。因此,这些有闲贵族的洛可可式生活和趣味也就传到华多的笔下。

舟发西苔岛

据说西苔岛是希腊神话中爱神、诗神游乐的美丽岛屿，此画描绘贵妇人们出发去那里访问。整个画面涂上几层颜料，用细腻的笔触迷蒙地表现出远景的山和树木，潇洒而气派，在洛可可风格的绘画中是超群出众的作品。

★宁静之美：《倒牛奶的女人》★

维米尔（1632～1675）：荷兰最伟大的画家之一，风俗题材绘画的代表者，擅长在限定的空间描绘人物，笔法细腻，光影效果处理得精妙。

维米尔一生几乎没有离开过故乡，同外界极少接触，他的父亲是当地一位绢纺织品商人，并且兼营美术品。维米尔的美术知识全靠自学。他善于静静地观察身边的人物和他们的日常生活，把平凡单调的家务事表现得富有哲理诗一般的韵味。同时他又是一位研究光线和色彩的大师，是一位平凡而又神奇的色彩的魔术师。直到19世纪，法国的一位评论家列出了他的作品目录，沉默了两百多年的维米尔才终于得到人们的重视。

倒牛奶的女人

画中的女佣身材健壮，正忙着准备早餐，墙角的窗户、藤篮和灯盏，展示着一种动人而平凡的宁静之美。整个画面色彩和谐、温暖，洋溢着浓厚的生活气息。

★乱世不屈的精神气概：《田横五百壮士》★

徐悲鸿(1895～1953)：我国杰出的画家、卓越的美术教育家，是一位德艺双馨的大师。他是中国油画的奠基人，又是改革国画的先驱者，也是我国现实主义美术教育的奠基人。徐悲鸿擅长中国画和油画、素描等，在人物、走兽、禽鸟、花卉、风景方面都有独到建树，尤以画马著称。

徐悲鸿出身贫寒，他曾在一幅作品上题诗"少小也曾锥刺股"，以此来形容他年少时的艰苦生活。他的父亲是位半耕半读的村塾老师，同时也是位乡间画师。徐悲鸿 6 岁开始跟父亲读书，7 岁时对画画发生浓厚的兴趣。可父亲认为他年纪太小，不肯教他。当读书时念到《卞庄子刺虎》的故事，徐悲鸿就偷偷地求人画一只老虎，自己依着样子描绘，父亲后来知道儿子实在喜欢画，就在他 9 岁的时候，让他每天临摹一幅当时流行的《吴友如画本》，这就是徐悲鸿学画的开始。

17 岁时，因家庭生活贫困，徐悲鸿不得不辍学到一家中学里教图画以贴补家用。19 岁那年，随着父亲逝去，家里欠下了很多债，弟妹也要供养，他只得在县里三家学校同时教课来解决全家的生计。沉重的担子压不住他上进的决心，为了学美术，他来到上海，把画寄给当时的杂志，以求换得买米之钱，但却被无情退回。他那时寄居在一家赌场里，白天用功，晚上等客人散了，才摊开铺盖在赌桌上睡觉。那时候常常吃不到饭，也找不到工作，为此他也有过自杀的念头。据他后来回忆，自己曾经狂奔到黄浦江边，想要就此结束生命。混浊而奔腾的海水汹涌地冲击着江岸，轮船的汽笛尖锐地吼叫着，他解开衣襟，让无情的海风扑打着他年轻的胸脯。当阵阵寒意从脚跟慢慢传递到全身时，他才清醒地认识到："一个人到了山穷水尽的地步而要自暴自弃，那才是懦弱啊！"

1916 年他进入上海复旦大学法文系半工半读，并自学素描。1917 年留学日本学习美术，1919 年赴法国留学，并游历西欧诸国，观摩研究西方美术，1927 年回国任中央大学艺术系教授、北京大学艺术学院院长等职。中华人民共和国建立后，任中华全国美术工作者协会（现中国美术家协会）主席、中央美术学院院长等职。

徐悲鸿的作品熔古今中外技法于一炉，显示了极高的艺术技巧和广博的艺术修养，是古为今用、洋为中用的典范，在我国美术史上起到了承前启后、继往开来的巨大作用。

田横五百壮士

《田横五百壮士》的故事取材于《史记》。曾在秦汉之争中占领一方土地的齐王田横，兵败后带五百人逃至海岛，汉高祖招降，田横不从而自杀，岛上五百将士闻田横死皆自杀。徐悲鸿用精确的素描关系和油画语言，把这一悲壮的场面表现得恢宏壮阔，在中国近代画史中具有重要的地位。

★漫像风格的《查理四世一家》★

戈雅（1746～1828）：西班牙杰出的油画家和版画家，是西方美术史上开拓浪漫主义艺术的先驱。他是一位很全面的爱国画家，一生创作了大量的作品。

西班牙有一位家喻户晓的画家戈雅，他出生于山野小镇一个手工艺人家庭，从小早熟、任性、好斗。因此戈雅骨子里反叛，却深爱绘画艺术。后来他进入费尔南多学院任职，并被国王卡洛斯四世委为宫廷画师。

戈雅所处的年代，正是西班牙历史巨变、社会动荡的时期，作为时代的见证人和有良知的艺术家，他深切了解祖国和人民的苦难。在政治上，他倾向民主与和平，反对暴力和侵略；在思想上，他憎恨封建、愚昧，反对宗教狂热和恐怖；在艺术上，他厌恶循规守旧，反对矫揉造作的美学形式。

戈雅的艺术才能广泛，风俗画、历史画、风景画、素描、铜版画、石版画以及工艺装饰等，他都一一涉足。他善于安排博大的场面，把万里天涯浓缩于咫尺之中。他还善于将细微的小事，拓展成宏大浩荡的景观。在对人物的刻画上，他注重人物外在的形态姿势，也能准确把握人物的精神实质。俗话说“画如其人”，作品的性格成了戈雅性格的延伸，他的笔触极其凝练，凝练的层面之下，又是那么丰满、丰饶和丰富。人称“鬼才”的戈雅，对19世纪的欧洲绘画有着深刻影响。

查理四世一家

戈雅为查理四世全家绘制了一幅肖像画，这幅笔法流畅、色彩绚丽的作品，虽然大体上保持着宫廷肖像画的庄重构图，但他对国王夫妇这对至尊人物形象的塑造却是十分大胆的，那生动的近似漫画式的处理，似乎暗示着嘲讽。

★《蒙娜丽莎》的微笑★

达·芬奇(1452～1519):象征人类智慧的意大利画家,是欧洲文艺复兴时期的巨人和天才。他多才多艺,既是科学巨匠,又是文艺理论家、大哲学家、诗人、工程师和发明家,几乎在每个领域里都作出了巨大的贡献,被称为"文艺复兴时代最完美的代表"。

Tips: 文艺复兴是指13世纪末在意大利各城市兴起,以后扩展到西欧各国,于16世纪在欧洲盛行的一场思想文化运动。它带来了科学与艺术上的革命,揭开了近代欧洲历史的序幕,被认为是中古时代和近代的分界。

小时候的达·芬奇,喜欢大自然的景色,经常攀登悬崖,并且对画画很有兴趣。有时候他独自一人坐在草丛中,用心地观看五彩缤纷的花草树木,饶有兴趣地描绘着那些花瓣和树叶的形状。他喜欢钻山洞,进去探索里边的秘密。他每次从山洞走出来时,身上都弄得脏兮兮的,总要捉几个小动物出来,带回家里,仔细地观察,并且按照小动物的样子进行描绘。开始画得有些四不像,但是,时间久了,他画的那些东西渐渐有了画意,镇上的人们都称他小画家。

有一天,邻近村上一位农民拿着一块木板来到镇上,交给达·

芬奇的父亲说:"请你家的小画家在上面画些东西。"父亲答应了。过了一些天,达·芬奇在家里发现了这块木板,就将它刨平,锯成一个盾牌,可上面什么也没有,不大好看,他想来想去,就将自己最熟悉的小动物画了上去。画成后,他拿去给父亲看。父亲看到上面有蛇、蝙蝠、蝴蝶、蚱蜢,还有一些叫不出名字来的小东西。不仅数量多,而且结构合理,形象逼真。父亲高兴极了,他决心支持孩子去学习艺术,把孩子培养成为一名画家。达·芬奇后来随父亲来到了佛罗伦萨,拜当地一位颇有名气的画家和雕刻家罗基奥为师。通过勤学苦练,他终于成为举世闻名的画家。

达·芬奇还喜欢钻研不同的领域,他设计过一辆装甲车、一辆装有刺刀的战车、一个打桩机、一辆回转起重机、一辆滑车、一架直升机等等。

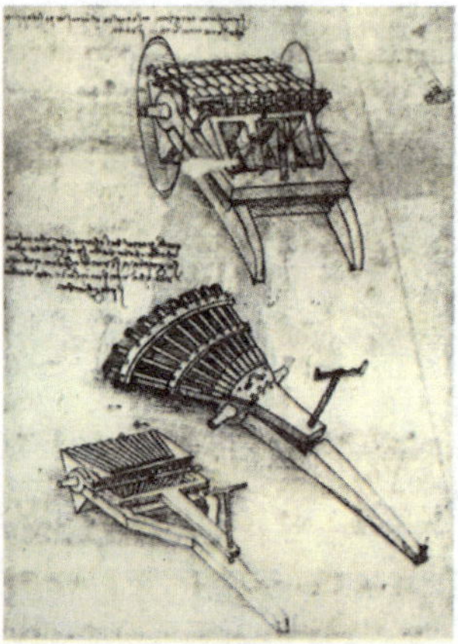

设计的战车

蒙娜丽莎

《蒙娜丽莎》是一幅享有盛誉的肖像画杰作,成功塑造了城市富有阶层的妇女形象,人物的内心和美丽的外表完美统一,从而使蒙娜丽莎的微笑具有一种神秘莫测的千古神韵,被美术史家称为"神秘的微笑"。

★梦幻般的《郊游》★

亨利·卢梭(1844～1910)：卓有成就的法国画家，原始派艺术的开创者。他的作品笔法质朴，充满天真、梦幻的情趣。

Tips: 原始派艺术是20世纪产生于法国的画派。又称稚拙派，是一种艺术潮流，以亨利·卢梭为代表。此派画家主张艺术创作应返回原始艺术风格中去，追求天然、淳朴、原始性的表现形式。

卢梭40岁时辞去工作，开始成为一名职业画家。他对绘画非常入迷，没有受过正规的绘画训练，无师自通。他善于描绘神秘、奇特和充满想象力的人物和景象，作品纯朴天真，独树一帜。

和许多伟大的画家一样，卢梭虽然一贫如洗，但心中浮想联翩，享受着艺术的无限乐趣。卢梭为人朴实自然，就像一个童心未泯的大孩子。他坦率、真诚、温和、天真，一开始就用儿童般的心灵作画，他的画不是视觉意象，不是真实的物质世界，而是他在头脑中重新构建的图景。画中形与色的奇特的秩序，包容有过去、现在和未来的抽象时空，神秘宁静的光线等，都像儿童的梦想一样愉快、透明、虚幻。

卢梭像小孩子一样喜欢听故事，特别是旅行者的见闻。他根据自己的想象画了许多异国风情的故事，在他笔下，原始神秘的森林景致隐含着无限的生命，吐露着幻想的芬芳，单纯生动而富有诗意。

郊游

卢梭喜欢创作异国风情的热带丛林。这些画涉及了人类的存在、自然的奥秘、人与自然的关系等问题，展示了生命中最神奇、最隐秘、最难以捉摸的梦幻般的东西。在丛林中，树干、花朵、叶子、果实各具特色，人和动物自然地隐约其中，动物看上去有人的灵性，人看上去又像动物，植物也富有生命力。最神奇的是他没有去过真正的丛林，无法亲自欣赏和体验那里的景色和气息，然而他笔下的丛林却是那么富有生机和魔力，栩栩如生。在他超凡的想象力之下，丛林被描绘成如世外桃源的仙境一般，亦真亦幻。

★翩翩起舞的《双人扇舞》★

潘玉良（1895～1977）：中国著名女画家、雕塑家。潘玉良是民国时期的女性，她的绘画艺术是在中西方文化不断碰撞、融合中萌生发展的，洋溢着“东情西调”。

潘玉良本姓张，幼年时就成了孤儿，14 岁被舅舅卖去作歌妓，17 岁时被后来的丈夫潘赞化赎出，改名潘玉良，居住在上海。

1918 年，热爱艺术的潘玉良报考上海美术专科学校。参加考试的人那么多，黑压压地坐满了五个教室，她泰然自若地挥动着画笔，运用自如地把感觉准确地用线条表达出来。她的素描画受到了师生们的一致赞扬。

一周后，学校放榜了，校园门口人山人海，玉良挤在人群里，在那名单里急切地寻找。从头到尾，就是没有她的名字。一线希望破灭了，她脸色苍白，扭头离去。原来，校方是碍于出身而没有录取她。

潘玉良的老师洪野先生找到校方理论，刘海粟校长听得动了感情，他立即手执一枝饱蘸了墨汁的毛笔，来到榜文前，在第一名的左边空隙处写下了“潘玉良”三个字，并在那上面加盖了教务处的公章。就这样，潘玉良踏进了高等艺术学府的大门，从此改变了人生道路。

1925 年她以毕业第一名的成绩获取罗马奖学金，得以到意大利深造。1926 年她的作品在罗马国际艺术展览会上荣获金质奖，打破了该院历史上没有中国人获奖的纪录。

印象派技术和东方艺术情调是潘玉良绘画的两大根基。她用笔干脆利落，用色主观大胆，但又非常漂亮。其豪放性格和艺术追求在酣畅泼辣的笔触下和色彩里表露无遗。

双人扇舞

此画是以中国民间舞蹈为题材创作的油画，画面中两个身着中国民族服装的少女，手执折扇，相对翩翩起舞。作品在纷繁的西画色彩中融入了国画的线条勾勒，蕴藏着中国艺术的意境、韵律、诗情。构图大胆而夸张，画面奔放而深沉，色彩绚烂而宁静，有着强烈的律动感，给人以美的享受。脸部表情的描写也显现出欢愉的气氛。

★平和亲切的《吹泡泡的少年》★

夏尔丹(1699～1779):法国画家。洛可可艺术风格最具代表性的画家之一,作品能赋予静物以生命,给人以动感,画风平易、朴实,具有平和亲切之感,反映了新兴市民阶层的美学理想。

18 世纪下半叶,在法国洛可可绘画日益兴旺的同时,还出现了另一种风格倾向——平民写实主义美术。平民写实主义与洛可可同样反对古典主义绘画,热衷于反映现实生活。但洛可可绘画面向的是社会上层,而平民写实主义却面向社会中下层的普通市民,表现他们自然、亲切、朴实的日常生活。夏尔丹就是平民写实主义画派的代表画家。

夏尔丹出生于法国巴黎的一个木匠家庭,他善于观察研究下层的人物状貌、生活风俗以及他们的内心世界,善于揭示平凡中所蕴含的真善美。他以无限深厚的感情,去描绘洗衣妇、厨娘、女小贩、小孩这些平凡而无声的朋友,因而总能引起热爱生活的人们思想情感的共鸣,具有一种鲜活的生命感,显得比贵族更高尚。

他的静物画沉穆凝重,富有生命感;他的风俗画则朴素典雅。他是一位承前启后的画家,像一座艺术桥梁把 18 世纪和 19 世纪的艺术联系了起来。

吹泡泡的少年

这是夏尔丹早年的一幅风俗画：一个衣着破旧但不失为整洁的少年正在从室内向室外吹着肥皂泡，他小心翼翼地将肥皂泡越吹越大，越吹越大……还有一个孩子，看上去仅有三四岁，正踮着脚扒着窗台使劲地向室外观看……题材非常普通，情境极为单纯，这是一种清闲、安逸的生活情趣，反映了下层平民的孩子们自然、俭朴、淳厚、善良的美好情感。

★虔诚的《拾穗者》★

米勒（1814～1875）：19 世纪法国杰出的现实主义农民画家，他用极端细腻的笔触，把辛勤劳作的农民真切地描绘出来。

米勒出身于农民世家，幼年时便显露出绘画的天分，受到老师的鼓励而立志学习绘画。后来到巴黎去学习。为了养家糊口，不得不画一些模仿洛可可风格的绘画，放在画店里出售。但是，作为一个农民的儿子，他时刻希望能用自己的画笔描绘法国农民纯朴而勤劳的形象。在一个晴朗的早晨，他携家人背着简单的行囊，迁居到离巴黎 90 公里的枫丹白露。在巴比松村，这个农民的儿子看到了农村的树木和田野，他高兴地喊着："啊，上帝，这里真美呀！"他又呼吸到土地的芳香，又听到了森林的喧嚷，他童年时神往的一切重又呈现在眼前。于是，以柯罗和米勒为主要成员的、在欧洲美术史上声名卓著的"巴比松画派"就这样形成了。

此后的 27 年，是米勒一生中创作最为丰富的时期。许多著名作品都是在这里完成的。他从不虚构画面，每一幅画都是从耕耘着、放牧着、劳动着、生活着的法国农民的真实生活中来的。不过，他笔下的农夫并不是天国中的亚当和夏娃，他们是疲惫、穷苦、终日操劳的劳动者，衣衫褴褛、肌肤黝黑，佝偻的身躯、粗大的手掌，这便是米勒的美学，这便是米勒呕心沥血地赞美歌颂的法兰西农民的形象。正如罗曼·罗兰所言:"他们日复一日地劳动,来养育这伟大的民族,他们日复一日地劳动,来缔造这美丽的国家。"

拾穗者

《拾穗者》是米勒最重要的代表作,从中不难看出画家对劳动的甘苦,特别是对"汗滴禾下土,粒粒皆辛苦"的意义有着切身的深刻体验。整个作品的手法极为简洁朴实,晴朗的天空和金黄色的麦地显得十分和谐。画面上,使用了迷人的暖黄色调,红、蓝二块头巾那种沉稳的浓郁色彩也融化在黄色中,整个画面安静而又庄重,牧歌式地传达了米勒对农民艰难生活的深刻同情和对农村生活的的挚爱,这是米勒艺术的重要特色。

★神秘的《戴金盔男子》★

伦勃朗(1606～1669)：是欧洲17世纪最伟大的画家之一。这位现实主义绘画巨匠，一生留下了500多幅油画，把荷兰的肖像画、历史画和风景画发展到了极致，为世界油画史作出了巨大的贡献。

《圣经》上有这样一个故事："古代的以色列有一个叫大卫的英雄，他为了国家的生存，曾率领军队打败过很多敌人。大卫的赫赫战功使他获得了人民群众的爱戴，但也引起了以色列国王扫罗的嫉妒。凶残狠毒的扫罗怕大卫得到人民的支持，有朝一日篡夺王位，因此总想找个机会除掉大卫。可是偏巧扫罗患有一种如魔鬼附身不时发作的可怕的疯病，这个病只有大卫才能医治——只要大卫给他弹琴，他听到大卫弹出的轻快琴音就能痊愈。有一次，扫罗又犯了疯病，大卫照例去为他弹琴。在快弹完一支曲子时，扫罗突然举起枪向大卫猛刺过去，一刺不中，又连续猛刺，也都不中。"

画家伦勃朗，早年曾根据这个故事画了一幅画。画中，伦勃朗描绘扫罗满脸杀气地拿起枪听大卫弹琴，似乎就要抡枪刺杀的模样。他常对人说，这是他以《圣经》故事为题材的成功作品之一。但是，到了晚年，伦勃朗对这幅旧作就不满意了。他不顾年迈体衰，用了几个月的工夫另外创作了一幅。新作同旧作相比，内容有了重大的变化。在新作的画面上，文静的大卫聚精会神地为扫罗弹琴，从他忠厚正直的脸庞上，看得出他是很虔诚的，他是真心诚意希望把国王的疯病治好。扫罗呢，他一边听琴，一边掀起帷幕拭抹脸上纵横交错的眼泪。那支枪不是抡在手中，而是斜斜的搁在臂弯上，他用右手无力地按着它。伦勃朗在他的新作中把满脸杀气的扫罗改为眼泪盈眶的扫罗，标志着画家在艺术创作上有了一个飞跃，因为这超越了机械地复述《圣经》故事的平庸手法，而有了新的创造。对扫罗来说，他需要英勇善战的大卫来保住他的江山，他需要大卫为他除病驱魔，但又恐惧自己的王位因大卫的存在而受到威胁。因此描写他既持枪又流泪，才能真实地揭示人物心灵深处的东西；反之，只描写他一副杀人凶相，就未免太肤浅了。从伦勃朗晚年改画这个故事，我们不仅可以看出他精湛的艺术技巧，而且也可以看出这位世界名画家严肃认真的创作态度。

戴金盔男子

《戴金盔男子》中挥洒在头盔上的金色，阴郁凝重间闪烁逼人的光泽，突显不灭的激情；而凌空斜倚的一枝半叶在浓雾中渐现渐隐。在这幅作品中，作者用不存在的光源塑造出和谐、真实、明朗的形象，营造了一个神秘而又耐人寻味的光感，画作极具空间意识，体现了画家扎实的素描功力和对形体良好的把握能力。

★神圣的《拿破仑加冕》★

大卫（1748～1825）：法国著名画家，古典主义画派的奠基人，画风严谨，技法精湛，在法国大革命时期，绘制了大量的历史画。

大卫出生于巴黎一个中产阶级家庭，起初他深入研究古代雕刻和意大利文艺复兴绘画珍品，沉浸在对古典美的追求中。后来，大卫把艺术作为反封建的战斗武器，登上了画坛和政坛。他说："艺术必须帮助全体民众的幸福，艺术必须向广大人民传播美德和勇气。"当大革命的风暴到来时，大卫不仅仅是画家，他还作为社会活动家、革命家积极投身于革命斗争。他被选为国民议会的议员，成为革命领袖罗伯斯庇尔的战友，并从事大量的革命艺术活动。

后来大卫被捕入狱，出狱后国家发生的变化令他触目惊心。革命理想破灭了，大卫心灰意冷又无能为力，从此在创作上他放弃了现实题材，又沉浸在对古代社会的向往之中，再也没有画过富有革命激情的作品。

拿破仑加冕

这是大卫奉拿破仑之命而创作的，历时两年。画家忠实地描绘了在巴黎圣母院隆重举行的国王加冕仪式的场景。画中的人多达百位，气氛庄严，场面壮观。作品宏伟的构图、磅礴的气势、巧妙的构思和写实的作风对后来的欧洲绘画产生了重要的影响。

★人世百态：《三等车厢》★

杜米埃（1808～1879）：19 世纪讽刺艺术大师，现实主义美术运动的代表人物之一。他擅长以夸张的手法创作讽刺漫画，针砭时弊，讽刺权贵。

杜米埃出生在法国马赛一个玻璃匠人家庭，从小喜欢画画，少年时就自谋生计，曾当过听差、店员，但由于家庭贫困，他一直没有条件接受正规绘画训练。

后来杜米埃迁居巴黎，为了谋生，他不得不到法院的一个执事家做工。在那里他接触了各阶层的人，那些贫苦受害者的冤屈，地位显赫者的龌龊，给他留下了深刻的印象，使他对社会现实有了充分了解，为他日后的绘画创作提供了经验和素材。

杜米埃从来没有正式进过美术学院，但是他却凭借刻苦和灵慧，迅速掌握了绘画技巧，以尖锐的艺术语言揭露和讽刺社会的黑暗。杜米埃一生坎坷，遭到过监禁、罚款，大量的作品被销毁。虽然生活上难以为继，但是他始终是位不屈的为正义而奋斗的现实主义大师。

三等车厢

《三等车厢》这幅画作是杜米埃通过速写完成的，那奔放的线条与朦胧的光影，已忠实地把底层的民众袒露出来，画中的人物彼此冷漠地沉思着，若不是画面最前面那位抱着孩子的妇人，微微冲淡了孤单的气氛，整体的氛围压得人快喘不过气来。不过也因为那位怀抱婴儿的妇人，更加深了人们对生活的无奈之感。

母亲怀抱孩子的温暖，是三等车厢里唯一的光芒，好像也是人生唯一的希望，只是这希望不知是母亲的，还是孩子的？

★清新典雅的《珍珠女郎》★

柯罗（1796～1875）：性格乐观豁达，安贫乐道。他的作品贴近自然而不抄袭自然。他用笔生动而富有韵致，虚实相生而见妙理。在风景画的发展史中，他是一座不朽的丰碑。

柯罗生于法国巴黎，父亲是个经营呢绒批发业务的商人，母亲则是一家有名的妇女帽子店老板。柯罗从幼年时代起，就喜欢绘画，在父亲商店的空白处，到处充满了他的铅笔画。

1803 年，柯罗进入寄宿学校，整个卢昂中学时代，养成了柯罗终生不变的对大自然的热爱。这一年，父亲在距巴黎西南大约 15 公里左右买下一所别墅，这里有树林、有水池，风光明媚，在征得父亲许可后，柯罗将自己的寝室作为画室。每逢休假日，他就将自己关在画室里作画，有时他也到附近散步。自此以后，直到晚年，柯罗在这里留下了多幅风景作品。他说："我一生钟爱大自然永不变心。"他还说："不要去刻意地模仿别人，要按照自己的意志去描绘大自然。"

柯罗自己的生活十分简朴，但他对朋友却慷慨仗义、助人为乐，巴黎穷苦的年轻艺术家们经常受到他的周济。为此，柯罗还不断地向父亲借钱，并许愿在卖出自己的作品之后悉数归还。在日子富裕后，他更是不忘身处困境的友人，他是绘画界有名的"善良的大叔"。和他一起作画的画家杜比尼直到临死前还念念不忘地说："到了天堂也要去看看我的朋友柯罗。"

珍珠女郎

这是一幅色彩优美的肖像杰作，它描绘一个戴着用树叶编的"花环"的青年女子。一片树叶在她的前额投下了影子，观众把这个影子误认是珍珠。这虽是一个错觉，却使这幅画显得更加迷人。

★《三个乐师》的合奏★

毕加索(1881～1973)：是20世纪西方最具影响力的艺术家之一，西方现代派绘画的主要代表。他在艺术上兼收并蓄，打破了历来的造型法则，开创了立体主义流派。在多个领域都取得了令人瞩目的成就。

Tips：立体主义是一种前卫、抽象的艺术表现手法，表现的关键在于怎样在平面的画面上画出具有三度、乃至四度空间的立体形态，打破传统的“时间”、“空间”等基本概念对平面画的束缚。

毕加索是西班牙人，从小就很有艺术天赋，左邻右舍都赞叹不已，都称他为天才。然而，这个“天才”却不是一个优秀的学生，上课对于他来讲简直就是折磨，老师认为这孩子智力低下，根本没法教。老师会经常在毕加索父母面前，绘声绘色地描绘毕加索的“痴呆”症状，毕加索的母亲听了又羞又恼，觉得无脸见人。左邻右舍也不再为他的绘画天赋叫绝，而私下议论说：“瞧那呆头呆脑的样，只会画几幅画有什么用。”当时，几乎所有的人都认为：毕加索是一个傻瓜。

日后，当毕加索出名以后，仿造他的画的人与日俱增，一时弄得真假难辨。有一天，一个专门贩卖艺术品的商人见到了毕加索的壁画《和谐》，他对画面所表现的内容十分不解。为了充分了解毕加索的绘画风格，以防上当，他专程带了另一幅签有毕加索名字的画来求教于毕加索。商人开门见山地问毕加索："为什么在您的壁画《和谐》中，鱼在鸟笼里，鸟反而在鱼缸里呢？"毕加索不假思索地答道："在和谐中一切都是可能的。"这时，商人取出那幅画，想证实一下这幅是不是毕加索的真迹。毕加索向那幅画瞥了一眼，轻蔑地说道："冒牌货！"

通过这次会面，商人似乎领悟了毕加索绘画的奥秘，于是，事隔不久，商人又兴冲冲地拿了一幅毕加索的画来找毕加索，问他这幅画是真是假。毕加索看也没看便答道："冒牌货！""可是！先生，"商人急了，喊叫道，"这幅画可是您不久前亲笔画的，当时我在场！"毕加索微笑着耸耸肩膀，说："我自己有时也画冒牌货。"

三个乐师

这幅画是 20 年代初毕加索立体主义的代表作，画中三个乐师以几何抽象色块造型、平面化构图、平涂手法制作。作品的主题是欢乐的，同时又有一种严肃庄严的气氛。

★美丽的《筛麦的女人》★

库尔贝（1819～1877）：法国写实主义画家的杰出代表，他的作品写实主义特色明显，构图、用色极为独特。

库尔贝出生在法国一个葡萄园主的家庭。他自幼天赋聪颖、相貌出众，既高傲自大、自命不凡，又热情奔放、慷慨大方，中学时代他就成为同龄朋友们心悦诚服的领袖。他的许多自画像，如《叼烟斗的库尔贝》、《带黑狗的库尔贝》和大型寓意画《画室》中的库尔贝，都具有这样的气质。他的父亲送他到巴黎念大学，想要他学习法律，可他却立志做一名画家。

法国绘画有悠久的现实主义传统，这种传统到 19 世纪中叶被发扬光大，形成潮流，而库尔贝则是这一潮流的代表人物。库尔贝从不画宗教传说和神话故事，只画现实的社会生活，他认为"绘画本质上是种具体的艺术，只能描绘现实的和存在着的事物"。他在自己的作品和宣言中，确立了以生活的真实作为创作依据的原则，坚决反对虚伪的官方艺术，被法国评论家认为："没有库尔贝，就没有马奈；没有马奈，便没有印象主义。”库尔贝在发现生活中平凡的美和朴实的外光技巧方面，给予以后的青年画家们很重要的影响。

筛麦的女人

《筛麦的女人》表现了普通劳动者朴素、勤劳的品质，“劳动着是美丽的”，这是所有人看到这张作品时的最深刻感受。在画面的中间一个年轻健壮的农村姑娘正在筛着麦子，身体呈优美的S形。虽然脸部是背对着观众的，但她色彩鲜艳的红色连衣裙，洁白而圆润的手臂和丰满健壮的身影，都留给观众们无限遐想的空间。

《筛麦的女人》是朴素美的典型表现，这幅画的产生标志着现实主义画家开始找到了现实主义创作的源泉，为现实主义艺术在以后的发展创造了很好开端。

★盛大的《农民婚礼》★

勃鲁盖尔（1525～1569）：16世纪尼德兰最伟大的画家，擅长创作以民间谚语、传奇故事为题材的民俗画和风景画。

勃鲁盖尔是一个擅长观察和描绘生活的人，相传他经常深入农民的生活区收集创作素材，并在描绘农民生活中表达自己的感情和理想。

农民婚礼

这幅画反映了农民平凡而温暖的生活。为了使图画和农村的简朴气氛相适应，画家有意让所有人的服饰色调单一化，墙面的背景和人物的色调很统一，虽然是普通农家宴席，却洋溢着隆重和圣洁的氛围，也蕴含着画家对农民困苦生活的深切同情。

★诗情画意的《干草车》★

康斯泰勃尔(1776～1837)：19 世纪英国著名的风景画大师。他的画不固守传统，自成一家，一般比较专注平凡事物的描绘，忠实于自己的视觉感受。

康斯泰勃尔是一个磨坊主的儿子，曾在伦敦美术学院学习，但他的成功之路却极其漫长，历经艰辛。为了最真实地表达大自然的美景，他长期在家乡研究农村景色，画了许多素描、油画习作，然后进行创作。这样作品能真实生动地表现瞬息万变的大自然景色，与学院派的虚构呆板形成鲜明对照。

那时的英国绝大多数画家仍以画人物为主，少数时髦的风景画家投机取巧地搞一套绘制布景式的“风景画法”。康斯泰勃尔对于这种虚假的程式化的绘画十分反感。在他看来，画家应该画的就是眼睛所看见的自然的真实，这是最美丽不过的。一次，有人指责他风景画中的近景应该画成旧提琴一样的色彩，康斯泰勃尔听罢，生气地拿起一把小提琴，放在那人所站的绿绿的草地对比，色调是多么不协调！

康斯泰勃尔独特的绘画技巧成了后来法国风景画家们学习的楷模，也深刻地影响了一代又一代的画家。

干草车

康斯泰勃尔因这幅《干草车》而名扬巴黎。这是一个单纯的农村生活场景：一辆运送干草的马车正在渡河，车身上干裂的木轮和结节都清晰可见，四个铁轮上有磨损的印迹，说明了这辆干草车已辗转了好多个春秋。浅浅的河水只漫过了轮子的很小一部分，我们还能看见几块河里的石头。只见那辆干草车吱嘎吱嘎地慢慢前进着，溅起了点点水花。河边开满了野花，树木在微风中摇曳，远处草地上亮着斑驳的阳光，天上飘浮的白云真实得几乎带有湿润感。画家将磨坊画得那么朴实、简洁，给整幅令人陶醉的景色加上锦上添花的一笔！这幅画上的景色，被称为典型英国式的农村风景。

★《突然归来》的瞬间★

列宾(1844～1930):19 世纪末俄国最伟大的现实主义画家,巡回展览画派的杰出代表。他是具有责任感的民族画家,他的作品饱含激情,深刻地揭示了俄罗斯人民的苦难生活,鞭挞了沙皇制度的腐朽和没落。

Tips: 巡回展览画派是指 19 世纪末至 20 世纪初俄国一批现实主义画家,他们意识到艺术必须与现实生活联系起来,深入到人民中间,进行艺术创作,并定期在俄罗斯各地巡回展出,这个画派标志着俄罗斯美术的成熟。

列宾的父亲是一个屯垦军军官,全家人在屯垦地辛勤劳作,童年的列宾亲身体会到了生活的贫困和艰难,他也不只一次亲眼目睹了囚犯如何被驱赶着由此经过,这些印象成为他日后创作的素材。

列宾的绘画才能是受到了在画坊当学徒的表哥的影响。表哥时常给他带回一些纸张、颜料、画笔,耳濡目染,列宾逐渐对绘画着了迷。后来进入彼得堡美术学院学习,列宾形成自己民主主义题材和现实主义的绘画风格。

有一次,他的女邻居想请他为自己画一张肖像画。这个女邻居是个十分蛮横的人,人称"泼妇",谁也不敢得罪她。列宾对她说:"我一定会把你画成天使。"那女人听了,高兴极了。一会儿,列宾把画好的像送给女邻居，画面上竟是一个凶狠、狡猾的小市民的形象，那女人带着哭腔对列宾说："我的天啊，你怎么把我画成这副模样，难道我是这样的人吗？"列宾耸耸肩膀，非常认真地说："真对不起，我的画笔要忠实于生活啊！"

突然归来

这幅油画就像是一部小说，向人们讲述一个革命者被流放后经受了怎样的痛苦，家人是多么的悲伤，以及流放者不期而至地归来后，他的家人是多么的意外、兴奋。画面上每个人物都栩栩如生：一袭黑衣的老妇人刚从坐着的椅子中站起来，转向"归来者"，似乎要扑过去拥抱，又抬不动脚步；桌边坐着的两个孩子，稍大的男孩儿欣喜地抬起头注视着，嘴巴吃惊地半张着，好像要喊出声来；较小的孩子有些胆怯地把目光从读着的书本移向“陌生人”……再看归来的“流放者”，个子高高的，瘦瘦的，身穿褪色的肥大的大衣，脚上是沉重的沾满泥土的靴子，他是经历了长途跋涉才得以与亲人相见。他的姿态有些犹豫，甚至有些不自信，似乎在这久违的家中他觉得自己像个外人，但他的神态却透出坚毅、勇敢。

从流放者身上我们感觉到了革命者不屈不挠的英雄主义精神。可见画家对革命者深厚的同情，对社会和人物深刻的理解。画中每一个人物，都既有典型性又有鲜明个性。

★伟大的《创世纪》★

米开朗琪罗（1475～1564）：意大利文艺复兴时期最伟大的雕刻家、建筑师、诗人、工程师。他的艺术风格以现实主义为基础，又兼浪漫主义风格，有很深厚的人文主义思想。

有一天，米开朗琪罗刚完成了一件雕刻作品，正在凝望作品沉思之际，一位朋友到访，问他正在想什么，他答道：“我在构思，把雕像这部分修改一下，把那部分稍加打磨，把这部分弄得柔和一些，使肌肉的线条突出一点……”

朋友不耐烦地说:“这些都是小节而已!”

米开朗琪罗很认真地回应说:“也许你可以这样说,但请你记着,将所有小节加起来,就是完美,而完美绝不是小节!”

正因为注重小节,才会有如此多的完美作品在米开朗琪罗的手下诞生。

创世纪的《创造亚当 》

《创世纪》是米开朗琪罗最重要的代表作,画中描绘了圣父正将生命与力量传给亚当的瞬间。这一天地无声的瞬间,蕴涵着意味深长的内容——人类即将踏上历史舞台。

★欢乐的《红磨坊露天舞会》★

雷诺阿(1841～1919)：也许是印象派画家中最受欢迎的一位，因为他所画的都是漂亮的儿童和妇女、美丽的花朵和景色，这就是雷诺阿一生用丰富华美的色彩所弹奏的主题。他曾说过："为什么艺术不能是美的呢?"雷诺阿一生都很贫困，但画面却很甜美、明丽，是一位卓越的人物画大师。

雷诺阿生于法国，父母亲都是裁缝，他从小做事认真，对于识字、拼写、计算都很擅长，特别突出的才能表现在绘画方面。由于家庭生活并不宽裕，为了节省纸张，他常常用父亲画衣服样子的粉笔在地板上作画。疼爱他的母亲将这些都看在眼里，于是给他买了练习本和铅笔，母亲认定自己的孩子"将来会搞出点名堂来"。

由于家里的经济状况无力支持他继续学习，父母不得不为他寻找一个生活上的出路，于是雷诺阿成为一家瓷器厂的学徒工。经过几年的打工，在积蓄了一点钱之后，他考进了美术学校，与莫奈住在了一起。有一段时间，他生活上十分清苦，吃的食物是用作品换来的菜豆，甚至支付不起画室的房租、模特儿的工资和烤火用的煤。为了能够实现自己绘画的梦想，雷诺阿不得不想办法挣钱，有一次，他出去给游人画像，在作画时，由于没把握好色彩的对比度而遭到游人的取笑，这时"巴比松派"的画家狄亚兹恰好路过为他解了围，并指出他的画作着色偏黑的问题。接受了这位前辈大师的忠告以后，雷诺阿的画开始变得明亮。在枫丹白露森林写生作画的雷诺阿，因为注意力高度集中，以致林中好奇的鹿站在他身旁竟全然不觉，当他站起身来感觉画面效果时才将鹿吓跑。据他自己说，鹿有时会扒到他的肩上，向他的脖子吹气，有时还把他的面包吃掉。他快乐地体会到了与大自然和动物之间的亲和力。

他常常说“必须随时准备出发去寻找新的题材”，他在这方面的作品，应该说是对印象派的重要贡献。在出外采风时，他“随身只带一把牙刷和一块肥皂”，他蓄起了胡子，并不是为美，而是挤出了刮脸的时间去作画。外出吃饭只找小饭铺，住宿就是小店。凡是能够步行去的地方，不坐车。坐火车买的是三等慢车票，在他看来这样不仅省钱，还便于观察、体验生活。由于雷诺阿有丰富的生活体验，他的作品除去大量的肖像画外，也还有不少的风景画、静物等。

在一次骑自行车的途中，雷诺阿滑进了一个水坑，正好跌倒在一堆乱石上，右臂被摔断，从此留下了后遗症。以后，他的右眼神经部分萎缩，风湿又让手指开始蜷缩，甚至捏不住画笔，之后又发展到只能用拐杖支撑着走路。即使在这种情况下，雷诺阿依然坚持作画。当人们看到那畸形可怕的手和骨关节发出咯咯响声的时候，很难想象这位老画家是怎样作画的，依然如故的是他那敏锐的目光，无论是天空还是飞鸟或草丛中的小虫，他都明察秋毫。

综观雷诺阿的艺术生涯，在他的笔下，看不到忧郁、伤感，欢乐、愉快的主题贯穿于他的全部创作活动之中。正如著名作家莫泊桑对他的评价“他把一切都看得那么美好”。也许，这就是画家的毕生追求。

红磨坊露天舞会

《红磨坊露天舞会》表现了规模宏大的场面，透过树丛的星星点点的阳光，洒落在人们的身上、脸上、桌上和地上，真正实践了“光是绘画的主人”这一句印象主义者的口号。表面上看是描绘巴黎著名的露天咖啡馆兼舞场热闹和欢快的气氛，实际上真正的主题是透过树叶间隙照射下来的阳光，这阳光照射在人们的身上，引起了丰富的光色变化，充分表现了印象主义画家对现实生活的光与色变化的高度敏感。

★舞者的《舞蹈考试》★

德加(1834～1917):法国印象派画家，善于运用流畅的线条表现事物瞬间的美感，喜欢描绘演员在表演中的瞬间动作。

德加出生在巴黎一个银行家家庭，他的父亲不但是一个银行家，也是一个艺术收藏家。德加先来到意大利后又回到巴黎，开始像长他一辈的画家安格尔和德拉克罗瓦一样，张开巨大的画布，为皇家学院的官方沙龙画起历史题材的作品和人物肖像。

在德加40岁的时候，他认为芭蕾舞者将是他未来生命中描绘的主要对象。在巴黎的那些大剧院中，最贫穷的女孩子们在为自己成为仙女、小精灵、舞台上的皇后而苦苦奋斗。这些学习舞蹈的小小女郎们，很快就熟悉了这个经常夹着一个速写本的画家。德加通常一早就到剧院，站在不同的地方画那些演员们的训练、排演。任何事情都逃不过他的眼睛。有时他还在速写旁边加上简单的说明，或是老师对那个动作的评语。

除了在剧院的速写外，德加更多的作品是在自己画室里完成的。他出钱雇用那些“小精灵”或是其他演员，到他的画室做模特儿。

在德加的作品里可以看到：芭蕾女郎们抓着扶手拉伸身体、练习各种姿势、在后台等待、听取老师指示、搔痒、系鞋带、揉酸痛的肌肉、整理短裙、掠头发、聊天、给自己扇风、冥想……总之，所有那些舞蹈的动作，都画得美妙如梦幻。

舞蹈考试

这幅画描绘了一群学习芭蕾舞的小女孩进行考试的情景。画家将传统绘画的精细手法与印象派在色彩的新发现巧妙地结合在一起，使画面在构图、光线、色彩上达成了一种和谐、自然的效果，并且画面动感十足，显得很有活力。

★《西斯廷圣母》的慈爱★

拉斐尔(1483～1520):意大利文艺复兴时期三杰中最年轻的一位,他积极吸取各画派的优势和长处,形成了自己独特的、和谐明朗、优雅的艺术风格。

米开朗琪罗和拉斐尔既是很要好的朋友,又是竞争对手。由于他们互相取长补短,所以很难分出水平的高低。

一天,他俩又聚在一块儿讨论作品,由于见解不同,争辩起来,互相不服,最后火气比较大的拉斐尔提出他俩各自作一幅画公开展览,让意大利人来评价,看到底谁高谁低。

两人遵约各自开始构思作画。拉斐尔画的是一个天真活泼的孩子顶着一筐葡萄,这个小孩画得十分逼真,大有呼之欲出的感觉;葡萄更是画得鲜滴水灵,引人嘴馋欲摘。画好后,他站在画前左瞧右瞧,觉得满意极了,他想这幅画一定能胜过米开朗琪罗。于是他小心盖好挡布,只等那天公开评价。

自和拉斐尔定约后,米开朗琪罗便开始思考怎样来画这幅画,他构思了好几幅都感到不满意。一天他站在窗前,秋雨不停地拍打着窗户,他不得不把那块窗帘放下。这时他看到了一幅奇妙的图画。于是一个新颖的构思形成了,他立刻拿起笔在画板上刷刷地勾勒起来……

约定的时间到了。那一天广场上挤满了围观的人们,他们要目睹画坛上的这两位巨匠的风采。拉斐尔首先露面,他把挡布揭开。那画上的葡萄如此逼真，竟引来了几只叽叽喳喳的小麻雀去啄。人们赞叹不已，拉斐尔不免洋洋得意起来。

米开朗琪罗被观众冷落在一旁，他默默地站在自己的画后，一声不吭地看着人群。这时观众向他大声叫道："请把你的挡布取下来，让我们瞧瞧你的那幅画。"可是米开朗琪罗仍呆呆地站在那儿发愣。拉斐尔见状也不免为他着急，走上前去说："您磨磨蹭蹭干什么？赶快把挡布取下来，让我们看看。"说完他就去扯那块布……突然，他如被电击一般震住了，随即收起那副得意之状，转身向观众宣布："我输了。"

原来那块挡布就是画的，拉斐尔的画只骗了麻雀，而米开朗琪罗却连人也骗了。

西斯廷圣母

《西斯廷圣母》是拉斐尔的重要作品，画中洋溢着祥和、纯洁、典雅、明朗的氛围，画家以精炼圆熟的手法，赋予了圣母一种世俗美。她既是神圣之母，也是爱子心切的人间慈母，从而达到了美丽与神圣、爱慕与敬仰的种种情愫完美地融为一体的艺术效果。

★幸福的《海伦娜·弗尔曼》★

鲁本斯(1577～1640)：17 世纪欧洲巴洛克绘画风格的代表者，他的作品色彩鲜明，线条多变，形体夸张。此外他还熟悉七国语言，是位出色的外交官。

Tips：巴洛克风格指自 17 世纪初直至 18 世纪上半叶流行于欧洲的主要艺术风格。巴洛克风格有别于单纯、和谐、稳重的古典风范，追求的是一种繁复夸饰、富丽堂皇、气势宏大、富于动感的艺术境界。

鲁本斯出生于德国锡根，父亲是一名比利时安特卫普的新教律师，为了逃避宗教迫害而逃到德国。父亲去世后，12 岁的鲁本斯跟随母亲回到了家乡安特卫普。少年时期的鲁本斯曾在一个伯爵夫人家里做侍童，因此有机会接受正统的贵族式教育，他精通多种语言，令宫廷教师们大吃一惊，从此"神童"鲁本斯的名字不胫而走。后来他在母亲的安排下师从几位画家，21 岁时便成为一名正式的画家。

两年后他来到意大利学习巴洛克艺术，并凭借精进的画艺成为首席宫廷画家。由于为人聪明伶俐、文才横溢，很快他被提拔为外交大使，画家与使节名声相得益彰。尤其是他的肖像画作品更是在欧洲上流社会受到极大欢迎。精湛的画艺和老练的外交手腕，使鲁本斯逐渐成为欧洲声名显赫的人物，经常出访欧洲多国进行外交工作，其中最著名的成就是成功地为西班牙和英国缔结了友好关系。鲁本斯说过：画画是我的职业，当大使是我的爱好！

海伦娜·弗尔曼肖像

《海伦娜·弗尔曼肖像》色彩生动，构图严谨，线条十分流畅。和画家的主题性绘画一样，凡人体形象，都画得骨质健壮，过于丰满，也许这就是艺术家眼里的理想美的标准吧。画家还刻画了人物的性格特征，她的眼神流露出一种乐观幸福的神情，华丽的服饰显示了她的贵族身份，但却不傲气，别具生活热情。

★严肃的《玩纸牌者》★

塞尚(1839～1906):法国著名画家,被誉为“西方现代艺术之父”,通过自己的艺术探索,开创了绘画的新境界。

被称为“现代绘画之父”的塞尚,他一生中的大半辈子是在屈辱和唾骂中度过来的。但他一次也没妥协过,而且最后取得了巨大的成功,这在艺术史上也是不多见的例子。

保罗·塞尚的父亲是制帽厂主,后来成了银行家。塞尚小时候就喜欢绘画,有一次,他的绘画在学校得了二等奖,父亲非但不欢喜,还忧心忡忡地对塞尚说:“青年人,考虑考虑将来吧!”“有天才的人往往死路一条,有钱的人才活得下去!”父亲要儿子当一个能赚到钱的律师,他把塞尚送进法律学校,但是塞尚不愿当律师;他又迫使儿子到银行里站柜台,算账、付钱。父亲的这一切努力都是白费心机,塞尚 24 岁时终于下决心去投考美术学院,谁知没有考中,学院主考官认为他没有培养前途。可是这并没有让他灰心,他住在巴黎继续研究美术,勤奋地工作着,有时甚至几天不洗脸。可是,他得到的回报仍然是失败。他 27 岁那年,送一幅画给巴黎沙龙展览,连个答复也没有。甚至连他最亲密的朋友左拉,也将他当作失败的典型写进小说,这使他十分愤怒,于是他决计离开巴黎。

塞尚返回故乡，过着隐士一样的生活。整天不是出去写生，就是坐在画室里对着静物观察、沉思，很少与外界联系。他耐心而热烈地追求实在的、持久的、永恒的事物，潜心研究事物的内在生命和内在结构、形与色的结合。他每下一笔都要再三考虑，双手颤抖着，一直要颤抖到终于下笔为止。但是，他的努力仍然不被社会重视，他的画一张也卖不掉。甚至他把一幅画送给一个熟人，自己竟预先胆怯地说："当然，我不是要你把画带回家去。"多么凄惨！

忽然，塞尚的画有了销路，巴黎年轻一代的艺术家们，为了追求新奇，在塞尚的复杂难懂的作品里得到启示，于是塞尚一下变为"天才"、"先知"。塞尚的画价值千金，靠卖画所得过上体面的晚年生活。塞尚的画对20世纪西欧艺术产生了巨大影响，被举世公认为艺术大师。

玩纸牌者

塞尚曾画过多幅玩纸牌者题材的画。而最为著名的，要算是这幅只画有两个人物的《玩纸牌者》。在这幅画上，塞尚将两个沉浸于牌戏中的普通劳动者形象，表现得平和敦厚，朴素亲切。一只酒瓶置于桌子中间，这酒瓶正好是整幅画的中轴线，把全画分成对称的两个部分，从而更加突出了牌桌上两个对手的面对面的角逐。两个人物手臂的形状形成一个“W”形，并分别与两个垂直的身躯相连。这一对称的构图看起来是那样的稳定、单纯和朴素，充分显示了塞尚善以简单的几何形来描绘形象和组建画面结构的艺术风格。画面的色调柔和而稳重。一种暖红色从深暗的色调中渗透出来；左边人物的衣服是紫蓝色，右边人物的是黄绿色，不同的色块在画中形成和谐的对比。塞尚其实是以各色域的色彩有节奏的变换来加强形象的塑造。正像他自己所言：“当颜色丰富时，形状也就丰满了。”

★温馨时刻：《康乃馨、百合和玫瑰花》★

萨金特（1856～1925）：美国肖像画大师，作品色调明亮，用笔高度洗练，对人物性格的刻画，在面部表情上清晰可见。此外他的水彩风景画特点突出，水分淋漓，色彩凝重而悦目，对于光、色、形的表达，都达到了很高的境界。

萨金特出生于意大利佛罗伦萨。母亲爱好绘画，也培养了萨金特的绘画才能。自从萨金特在印象派画展上第一次看到马奈与莫奈的光色表现时，顿有所悟，他决意吸收这些印象派绘画大师的表现方法。后来萨金特随母亲和妹妹回到美国进行绘画创作，不久又来到了英国，并于1897年获伦敦皇家艺术学院勋章一枚。在19世纪80年代中期，萨金特在巴黎已是一位著名的肖像画家了。因为他在这么多国家游历和创作，故有“多国画家”之称。

康乃馨、百合和玫瑰花

这幅画是萨金特精心制作的传世经典，描绘了孩子在花丛中点灯笼的情景。最具有魅力的是画面千变万化的丰富色彩，花的形状历历可见，丰富的色彩和花的芬芳融为一体。

★焰火般的《星空夜》★

梵·高(1853～1890):荷兰画家,是后印象派的三大巨匠之一。擅长用浓重的色彩表达自己强烈的感情,他是继印象主义之后在画坛上产生巨大影响的革新者。

Tips: 后印象主义是印象主义之后出现的另一种绘画流派,不满足于此前印象主义绘画仅从视觉感受上客观地再现自然、片面追求外光与色彩真实的艺术倾向,而强调艺术的本质、心灵与象征的探索。

梵·高诞生于荷兰的一个乡村牧师家庭。他生性善良,早年为了"抚慰世上一切不幸的人",曾自费到一个矿区(博里纳日)里去当过教士,跟矿工一样吃最差的伙食,一起睡在地板上。矿坑爆炸时,他曾冒死救出一个重伤的矿工。然而在他主持的一次葬礼上,一位老人的厉声谴责使他突然变得清醒,他开始意识到这世界上根本就没有上帝,博里纳日的矿工们再也不需要上帝,当然也不需要他了。这样,他才又回到绘画事业上来,受到他的表兄以及当时荷兰一些画家短时间的指导,并与巴黎新起的画家(包括印象派画家)建立了友谊。

梵·高外表孤僻、木讷,内心却敏感丰富,他几乎没有别的爱好,全副身心投入绘画。作品色彩浓烈,壮丽、辉煌,洋溢着对生命、生活的赞美，以及充盈的人格力量。

37 岁时梵·高因精神错乱自杀身亡。他绘画的价值在他去世之后，才逐渐被世人认识到。

星月夜

这是一幅带有强烈的主观情感的作品，画家以奔放的类似火焰般的笔触，描绘了夜空中奇特的月亮和星星。全画的色调呈蓝绿色，画家用充满运动感的、连续不断的、波浪般急速流动的笔触表现星云和树木；在他的笔下，星云和树木像一团正在炽热燃烧的火球，正在奋发向上，具有极强的表现力，给人留下深刻的印象。它们在画中仿佛一些凝固而孤独的圣者，象征着光辉、生命和永恒的神秘。

★异国情调的《塔希提岛的牧歌》★

高更（1848～1903）：作为艺术革新者，对印象主义之后的法国画坛产生了重要影响。他强调大胆的线条和装饰性的色彩，作品追求原始性，带有很强烈的象征主义风味。

塞尚、梵·高、高更合称后印象派的三杰。高更总是向往着远方，留恋那些具有异国情调的地方，他要求抛弃现代文明以及古典文化的阻碍，回到更简单、更基本的原始生活方式中去。他很愿意过野人的生活，这使他在 39 岁时踏上了去巴拿马和塔希提岛的旅程，在那里找到了自己期望的东西：茂密的植物、永远蔚蓝的天空、慷慨的大自然、简朴的生活。

塔希提岛的牧歌

画家以单纯的平面化手法，描绘了塔希提如梦如幻的诗意境界，在装饰性的画面中，表现了画家对风光的热爱。两位少女，一个似乎刚洗衣归来，一个正在吹牧笛，树上开满鲜花，猎犬在草地上，一切都显得宁静浪漫。画面富有异域情调，并透出一种神秘的气息，展示出东方艺术的单纯美和装饰性的魅力。

★悠闲的《大碗岛星期天的下午》★

修拉（1859～1891）：新印象主义的创始者和卓越的代表。他创造了“点彩画法”，将色彩、线条的表现与感情的特质结合了起来。

Tips：19 世纪 80 年代后期，一群受到印象主义强烈影响的画家掀起了一场技法革新，他们不用轮廓线条划分形象，而用点状的小笔触，通过合乎科学的光色规律的并置，让无数小色点在观者视觉中混合，从而构成色点组成的形象。这种画法被称为新印象主义。

修拉是法国著名画家，新印象主义的代表，将绘画色彩的技巧发展到一个极端。他认为印象主义表现光色效果的方法还不够严格，因此主张不在调色板上调色，而是以原色的小色点排列或交错在画面上，让观者自己用眼睛去起调色作用，这样的画面形象完全是用原色小点组成。修拉捕捉着光和色，将它们在黑色和白色中复活起来，创造出“阴影有利于形体塑造，光亮充满神秘色彩，过渡的灰色显露强烈生命力”的世界。他这种大胆的创新尝试，具有非凡的划时代意义，他的探索深刻地影响了近代艺术的形成。

大碗岛星期天的下午

《大碗岛星期天的下午》这幅巨作将点彩派的风格发挥得淋漓尽致。修拉为了制作这一幅巨作，整整花费了两年的时间。他每天早上到海边写生，下午回到画室里研究构图和色彩。为了达到正确而且逼真的写实效果，他还对当时流行的服饰和发型等进行了深入的研究。比如为了真切表现画面前景一个妇人用鲸骨支撑而高高隆起的裙子，他曾经买来同样的实物拆开来观察，作了大量的黑白写生和笔记。据统计，为创作此画，修拉共制作了400幅素描稿和颜色效果图。在画面中，共有40个人物，每一个形象都是画家经过千锤百炼概括而成，人物都是按远近透视法安排的，并以数学计算似的精确，递减人物的大小和深度，领着孩子的妇女正好被置于画面的几何中心点。画家采用了垂直线和水平线的几何分割关系和色彩分割关系，画面看上去充满一种神奇的空气感，却洋溢着一种宁静而幽雅的秩序美。

★韵律之美：《红、黄、蓝组合》★

蒙特里安(1872～1944)：20世纪抽象艺术大师，对几何图形有着无比的钟爱。在他眼中的大自然，有着一种秩序美、韵律美。他说："树是直的，海是横的。直角是一切平衡的基石。"他觉得无论是生活还是绘画，只有和谐才是应当追求的，而最简单的色、最简单的形，合成最和谐的效果，才是最美的"人造自然"。

蒙特里安出生于荷兰，受到梵·高和野兽派的影响，1917年创立风格派，逐渐发展起独具一格的"新造型主义"艺术。他的作品以正方形、正方体和长方形为绘画元素，以垂直和水平线作分割，并以简单的原色配色，达到纯粹造形的目的。从此几何抽象艺术就到处繁殖，给欧洲的艺术带来了极大的震撼。

蒙特里安认为：以往的艺术都不具有永恒的价值，因为它们是对具体事物的描绘，或是对稍纵即逝的情感的表达。他却把几何学作为造型的基础，追求造型的普遍性，寻求一种体现永恒价值的艺术。他认为红、黄、蓝三原色“是实际存在的仅有的颜色”，所以，在作品中就只有红、黄、蓝三种颜色和水平线、垂直线两种线条，“红、黄、蓝”的绘画风格不仅体现了一种理性主义的完美思想，更被认为是影响后现代主义风格绘画思想的渊源之一。

蒙特里安的抽象艺术不仅影响了绘画与雕塑，而且对 20 世纪的建筑、服饰设计也有重要影响。时装设计大师伊夫·圣·洛朗在 2002 年的时装告别秀上，就将“红、黄、蓝”的构成形式几乎原版不动的搬到他的时装设计当中。

红、黄、蓝组合

利用最基本的绘画语言：直线、直角、三原色（红、黄、蓝）、非彩色系列（黑、白、灰）和结构比例组织画面，建立完美的构图，表现千变万化的自然形态背后亘古不变的纯粹的真实。

★知性之美：《无名女郎》★

克拉姆斯柯依（1837～1887）：俄罗斯画家，“巡回展览派”的领导人之一，他不仅是一位有深度的肖像画家，还是杰出的理论家和社会活动家。在他的创作中，非常注重艺术的民族风格化和思想内涵，他对俄国画坛产生了很大的影响。

作为肖像画家的克拉姆斯柯依，始终关注人的相貌、头部和面孔，特别注重对于眼睛的刻画。他痴心艺术，积劳成疾。在1887年的一个上午，克拉姆斯柯依正在给一位医生画肖像，他们一直在闲谈，画家也在轻松地勾勒医生的头部。突然间，医生发现克拉姆斯柯依的眼睛老是看着他不动，紧接着他又踉跄了几步，跌倒在地上，等医生过去扶他的时候，克拉姆斯柯依已经离开了人世。

无名女郎

这是一幅颇具美学价值的性格肖像画，画家以精湛的技艺表现无名女郎高傲而又自尊的精神气质。她穿戴着俄国上流社会豪华的服饰，坐在华贵的敞篷马车上，背景是圣彼得堡著名的亚历山大剧院。究竟“无名女郎”是谁，至今仍是个谜。画家在这幅肖像画上展示出一个刚毅、果断、满怀思绪、散发着青春活力的俄国知识女性形象。

★质朴憨厚的《父亲》★

罗中立：现任四川美术学院院长，中国当代艺术院院长。1992 年创建罗中立油画奖学金，以奖励为艺术事业执著追求并富有创造精神的优秀青年艺术学子，为中国艺术的发展催生后备新人。

20 多年前，一幅名为《父亲》的油画感动了整个中国。作者罗中立完美地塑造了一个含辛茹苦的父亲形象，他那张布满皱纹的脸见证了中华民族沧桑的历史，养育了那个时代的每一个人。

罗中立出生于重庆市一个工人家庭，他承袭了父亲在美术方面的爱好。1964 年，他以第一名的成绩考取了四川美术学院附中。在附中二年级时，他来到离家二百多公里的四川达县，到大巴山新村小学教课。他至今还清楚地记得那个夜晚，热情的村民里三层外三层，将罗中立等来自大城市的学生们围在新村小学的空场里。村长喊着学生的名字，喊到一个就被一户村民领走。罗中立那天被一个叫邓开选的老人领到了他家的土屋里，那天的蛙鸣特别响，星星特别亮。罗中立和邓大爷一家的关系也处得非常好。那时没有电视等任何消遣方式，白天上完课，一到天黑回去就是上床睡觉，睡前就跟大爷聊天。大爷一边聊他的一些过去，一边抽烟，他习惯抽长的旱烟，罗中立就坐在这头给他点烟。“他在那头吸烟，那个烟味让我到现在都闻不了烟味。我一直不吸烟，但是那个时候非常喜欢，都闻惯了。”

1977年9月，国家恢复高考，罗中立考取了四川美术学院。大学期间第二届全国美术展览的消息传来，罗中立为了画出好作品，又一次到大巴山寻找创作灵感，“当时快到农历大年三十了，我在路边公共厕所看到一个收粪的农民，看到他的时候天已经黑了，而且外面的天气阴雨绵绵，非常湿、非常冷。”“当时我看他还是很麻木的，完全没有大年三十的感觉，所以当时一下子很震动，然后回去马上画了很多关于收粪农民的场面。”他认为是又脏又臭的农民支撑着国家，农民才是支撑国家和民族的真正脊梁。

他对朋友说要画一张大的大头像，很大的画。说完后就又跳又舞很兴奋，他把邓开选老人所有的照片能找的都找了出来，能画的都画了出来，然后把这些综合出来构成一个老年农民的形象。差不多半年时间里，一稿一稿地变化着，画的题目也从《收粪的农民》变成了《我的父亲》再到《父亲》。在油画中有个小细节就是加支圆珠笔，这个圆珠笔放在耳朵上头。只有解放以后才有圆珠笔。罗中立说：“加一个圆珠笔的话，就表示他是一个新社会有文化的农民，就不像是一个苦巴巴的旧社会老头。”罗中立加上的这支圆珠笔如果不仔细看的话几乎不容易发现，可是就是这小小的一笔改动决定了《父亲》这一具有历史性的作品。

父亲

这是中国油画史上前所未有的一幅巨幅头像。画家笔下浓厚的油彩和西方现代艺术中超级写实的手法巧妙地融合在一起,采用了特写构图,精微而细腻的笔触,淋漓的汗水从脸上的毛孔中渗出,塑造了一幅感情真挚、纯朴憨厚的父亲画面。背景运用土地原色呈现出的金黄,来加强画面的空间感,体现了父亲外在的质朴美和内在的高尚之美。颂歌般的画面色彩十分庄重,生动感人,是对生活中劳动者的崇敬和赞誉。

★暖色风格的《红色的和谐》★

马蒂斯(1869～1954)：是法国著名画家，野兽派的创始人和主要代表人物，同时也是一位雕塑家、版画家。他以用色鲜明、大胆而著名。

Tips：1905 年法国秋季沙龙展览里，有一位艺术批评家发现有一件雕刻作品《小孩的躯干像》的周围摆满了马蒂斯、卢奥、乌拉曼克等年轻画家作品，这些作品用色强烈、笔法狂野，与那尊雕塑之间有很大差异。于是这位艺评家就在刊物上写下参观感想："小孩被野兽包围了！"野兽派由此而得名。

马蒂斯生于法国，父亲是个商人，母亲曾做过陶瓷厂的画工。21 岁那年，他因患阑尾炎而住进医院，为了打发无聊时间，母亲送给他一盒颜料、一套画笔和一本绘画自学手册作为礼物。在画画当中，马蒂斯平生第一次感觉到"自由、安宁和闲静"。

马蒂斯是野兽派当之无愧的领袖人物，同时他又是一个善于吸取各种艺术门类的优点的人。他喜欢研究东方地毯和北非景色的配色法，并且向东方艺术和非洲黑人雕刻艺术吸取了许多造型手法，线条夸张，画面富于装饰感。马蒂斯认为艺术有两种表现方法，一种是照原样摹写，一种是艺术地表现。他的一生都在做着实验性探索，在色彩上追求一种单纯原始的稚气。后来他评价自己的作品说：我的作品“好像一种抚慰，像一种稳定剂，或者像一把合适的安乐椅，可以消除他人的疲劳”。

红色的和谐

关于创作这幅油画有个小故事：有一天，一位很高傲的夫人来到了马蒂斯的画室，想观赏一下他的画作。这时她看到了这幅画，于是，她指着这幅画对画家说：“先生，我认为这幅画中的女人胳膊太长了！”马蒂斯彬彬有礼地答道：“夫人，这不是一个女人，这是一幅画。”这就是作于1908年的《红色的和谐》。从这幅作品我们能够看见马蒂斯把眼前的景象改变为装饰性的图案。透视法被彻底抽掉了，墙纸的设计花样和摆着食物的台布纹理之间相互作用，形成这幅画的主要的主题。连人物和穿过窗户看到的风景也变成这个图案的一部分。那位妇女和树木的轮廓大为简化，深色线条勾出简单的形状，墙壁、地板、桌子涂上一大片红色，藤蔓植物花纹均匀地分布在墙面和桌面上，它们增强了红色块对于画面的依附。

抽象的树和植物映衬着绿地蓝天，显得色调完全协调一致。通过色彩和线条的运用，创造了一个清新的、充满对比色的世界。

★自然抒情风格的《白桦林》★

列维坦(1860～1900)：俄国19世纪下半期最杰出的风景画家，其作品总是有着纪念碑式的构图和朴实简练的艺术语言。

列维坦出生于俄罗斯一个贫穷的犹太知识分子家庭。他从小就十分喜欢画画，先进入父亲任教的小学绘画班接受训练，12岁时进入莫斯科绘画雕刻学校半工半读。列维坦求学的日子十分艰辛，15岁那年，母亲去世了，两年后，父亲又离开了他。由于没钱交学费差点被校方开除，后来在同学们的帮助下才完成了学业。

青年列维坦勤奋刻苦，在校时他已表现出了出色的绘画才能，被公认为艺术天才。他曾因身体欠佳，一度赴意大利、瑞士和法国考察和疗养，接触到法国印象主义光画法，这对他的画风改变有一定的影响。回国后，他创作了许多杰出的作品，荣膺了一系列名号，成为俄罗斯乃至欧洲风景画坛的顶尖级人物。30岁时正式加入巡回展览画派。37岁开始回母校执教。

列维坦一生穷困，历经坎坷。在他40岁风华正茂时，因感染疾病，过早地离开了世界。

列维坦对俄罗斯大自然的美有非凡敏锐的感受力，善于表现瞬息万变的大自然中朴素、内在的魅力，通过描绘俄罗斯人熟悉的、处处可见的典型景物，表现人的思想、情绪，以及人对自然景色的感受和对生活的体验。列维坦跑遍了莫斯科郊外，又沿着伏尔加河沿岸写生，与俄罗斯的天空、森林、河流、土地深情对话。他深信“没有一个国家比俄国更好！只有在俄国才能成为真正的风景画家”。他无比酷爱并不倦地描绘俄罗斯的自然风光，对他来说，自然界是最好的老师，他对自然的迷恋到了无以复加的地步，整个心灵融入伟大的造化之中。他常常在写生时流下激动的泪水，他说：“不仅需要用眼看，而且还要用内心去感觉自然，听自然的音乐，体验自然的幽静。”

白桦林

《白桦林》是一幅杰作，表现的是小白桦树林的一角，阳光在白色树干和鲜绿色叶子上颤动着、游戏着，旁边是鲜嫩多汁的青草和星星点点的蓝色小花，画面的色彩是柔和的、新鲜的，同时又是明亮的。它被称为“俄罗斯印象派”的代表作。

卡通偶像

101 忠狗

《101 忠狗》是 1961 年的一部经典美国迪士尼风格卡通电影，曾荣获 1996 年度全美十大卖座片第 6 名，后来还被拍成了电视剧和真人电影。作品风格温馨纯情，内容善恶分明，最适合阖家老小坐在电视机前一边吃爆米花一边受教育……

主人公音乐家罗杰与时装设计师安妮塔，原本是两个互不相识的陌生人，他们都养了一只斑点狗并喜欢牵着它们散步。某一天在伦敦的海德公园里，两只狗狗一见钟情了，后来它们的主人也彼此相爱组成了一个幸福的家庭。两只狗狗生了一群可爱的狗宝宝，本该皆大欢喜的故事，但是这时一个立志用小斑点狗皮毛设计大衣的女人库伊拉出现了，在出价购买遭拒绝后，偷偷绑走了可爱的狗宝贝们。可急坏了安妮塔一家（包括不是人的），他们向全伦敦城的人和动物们发出了求救信号，经过一场惊心动魄的逃亡行动后，99 只小狗全部安然无恙地回到了各自的家，坏人们也全部落入法网。

整部剧中唯一给过特写的小狗就是斑点狗夫妇的小儿子来福。来福生下来时大家都以为它死了，可是一会儿它居然有了呼吸，喜得家里人全票通过给它取名为“lucky”。这个单词的意思是“幸运”，但是引进中国时翻译成了“来福”，以至于现在来福成了中国两大经典狗名之一（另一个是旺财）。来福不仅名字经典，它顽皮可爱又爱要宝的小斑点狗形象也是经典。这部片子放映后很多人都饲养起了斑点狗，但后来大家发现现实中的斑点狗并不像剧中性情这么温顺可爱，于是迪斯尼公司还因此受到过抗议呢。

蓝精灵

“蓝精灵”是美国于 1981～1990 年出品的一部 427 集的动画片。剧中共有 101 个蓝色的、约三个苹果高的蓝精灵，他们在大森林里过着快乐的小日子，可是巫师格格巫和阿兹猫总想捉住他们，把他们熬成一道汤(不知道精灵们哪里看起来好吃了……)。于是他们之间就上演了无数搞笑的故事。

朋友们还记得那句歌词么：“他们齐心合力开动脑筋，斗败了格格巫，他们唱歌跳舞快乐多欢喜 。”蓝精灵们用他们的智慧、团结、勇敢，最终斗败了邪恶的格格巫。至于有多搞笑，赶快去看看你就知道啦！

两部动漫都是主角和反派有数量上的区别，主角们人数众多，反派只有几个。而且主角们都不是人类，这是多么难得的巧合啊……

EVA

在动漫界“毁誉参半”的《新世纪福音战士》是绝对不可不提的一部作品，与其他连载动辄几百篇漫画动画外加年年更新的剧场版相比，它可怜的26集动画外加三部只是把动画一些镜头改改就公映的剧场版根本算不了什么。可就是这样的作品，居然能与动漫大作齐头并进，人气一点也不比《变形金刚》和《高达》低，在日本文化厅举办的“日本媒体艺术100选”中，《新世纪福音战士》甚至被票选为“史上最经典动画”。究竟是什么魅力征服了观众？最主要原因当然是——EVA！

EVA是本部作品里的机器人，投入使用的有四部：蓝色的零号机，紫色的初号机，红色的二号机和黑色的三号机。这些身高40～80米，体重几百吨，身材修长，面容狰狞的大块头儿，再加上至今仍被称为“日本动漫界女神”的美女驾驶员凌波丽亭亭玉立地站在EVA肩头上，怎一个酷字了得！看点不止是美女与野兽的搭配，还有那一身一直绝对领先世界的高科技装备。和敌人激战起来子弹打完后上冷兵器最后再肉搏，顺便时不时“不小心”推倒几个写字楼踩平半个太平洋舰队，一流的动感和清晰的特写足以让所有的观众热血沸腾。音效画面也一点不输给美国大片，要不是主人公时不时煽情一把，观众们几乎都忘了EVA研制出来是用来保护地球的，每次打完收工后，你看那日本被它们几个踩的，还有块好地吗？

高达

GUNDAM，敢达（大陆官方译名），高达（香港官方译名），钢弹（台湾官方译名），自1979年登场以来，已成为日本机器人题材卡通作品中最著名、最经久不衰、最庞大的系列（这个销金无底洞让无数高达迷泪流满面泣不成声）……

自第一部“高达”所描绘的宇宙世纪（U. C.）0079年开始，至近年推出的“G高达”所处的未来世纪（F. C.）60年，作品的时间跨度达数百年之久，而作品外的我们所生活的现实中，高达也已陪伴高达迷们走过了近三十个年头，在热血决定一切的巨大机器人世界中打出一片天，并且领导了后来写实机器人的风潮。撇开从第一部作品中便体现出的复杂而有深度的悲剧性故事情节（不要以为高达只是脑子一热高喊着赐予我力量吧就会正义必胜邪恶然后世界恢复和平该干嘛干嘛的大团圆作品），高达最吸引人之处莫过于那独特设计感的武士头盔型机器头颅，形形色色的各种武器和日式动漫独有的战斗造型，极具酷感。这些结构繁复，制作精美的形象是动漫史上完美的杰作，不断被移植到小说、漫画、模型和FC、SFC、SS、PS和PC（不懂的问同桌）的游戏中。

《机动战士高达》系列一反以往作品单纯战斗的剧情，而是以写实手法来反思严苛的战争和探讨战争中少年与少女的成长、人类的希望。其结构复杂而严密，制作精美，受到动漫迷持久的支持。“高达”的舞台是在广阔的宇宙，但这一幻想题材因为生动的人物刻画及事件描绘，丝毫让人不觉得空乏，那种真实的冲击力是其他作品无法比拟的。

这两部都是成就日本、轰动世界、不输英美的有人驾驶机械类作品，而且作为主角是机器人的作品，无论在男生还是女生当中都十分受欢迎，这是非常难得的！

阿凡提

说起《阿凡提》，大家想起那个骑着毛驴留着大胡子包着布包头，IQ 超高，总爱打抱不平，总是用他聪明的智慧为大家解决问题的阿凡提大叔了么(阿凡提：我有那么老吗)？

《阿凡提》是一部由上海美术电影制片厂拍摄的 14 集木偶系列美术片，影片曾获 1979 年文化部优秀美术片奖，1980 年第三届中国电影“百花奖”最佳美术片奖，全国少数民族题材电影“腾龙奖”美术片一等奖，1991 年美国芝加哥国际儿童电影节一等奖，而且作为最出色的民间创作之一，已经被列入“世界民间艺术形象”之列。“上美”出品，必属精品啊！

《阿凡提》主要说的是智慧的化身、欢乐的化身阿凡提，如何运用自己的智慧教训投机的商人、受贿的法官、贪婪的地主、伪善的毛拉们……（说白了就是他把一干剥削阶级当白痴耍的光荣事迹）。剧中阿凡提总是为大家打抱不平，伸张正义，深受老百姓的喜欢和爱戴，俨然是大家眼中的大英雄。

阿凡提的国籍一直是一个问题。维吾尔族人说他 12 世纪出生在中国新疆的喀什，乌兹别克人说他出生在乌兹别克斯坦的布哈拉，阿拉伯人说他出生在伊拉克的巴格达，土耳其人则说他出生在土耳其西南部的阿克谢海尔城，真是人渣大家抛人才大家招啊。如今阿凡提的事迹已被译成英文、俄文、德文、法文、日文等多种文字，据说阿凡提笑话可以在世界上的 40 多种语言中听到。有人称阿凡提是“宇宙级幽默大师”，我看这话一点也不过分。不信的话，你也去看看吧～

聪明的一休

很少会有动画片的主题曲入选中国义务教育音乐教材，《聪明

的一休》的主题曲就荣幸地成为其中一课，被中国的孩子们学习、歌唱。

《聪明的一休》是以日本历史上出名的“狂僧”一休宗纯为原型，由日本东映动画制作的动画片。这部共296集的动画于1975年10月15日到1982年6月28日在日本播出，播出时间长达8年之久，故事内容丰富，引人入胜。1983至1988年由辽宁儿童艺术剧院编译了其中的104集，在中国大陆播放后，引起了极大反响，是中国当时最受欢迎的日本动画片。一休随之成为很多儿童心目中的偶像，他在思考时盘坐用手指在头顶打转的样子(先沾点口水，然后再往头上转圈的动作)也为许多儿童仿效。

聪明的一休和尚出生在日本幕府统治时代，年纪小小就出了家，平时他勤奋好学，热心助人，最喜爱动脑筋解决日常生活中的问题，无论是将军、桔梗店老板还是新右卫门先生，都难不倒他。他不仅让坏人们得到应有的惩治，他的才智还常常令大人们佩服不已，更教会了小朋友们许多日常生活的常识，给人留下了很深的印象。一休鲜明的个性和充满哲理的动人故事深深影响了好几代人，许多孩子们纷纷以一休作为自己的榜样。

据日本历史记载，一休的父亲是后小松天皇，母亲是天皇的一个妃嫔，也就是说，一休其实是皇室贵族哦！难怪他见到将军从来不害怕！

两位主角都十分聪明，是为普通老百姓说话的人民英雄，而且都有历史原型，历史原型也都是传奇式人物啊～

铁臂阿童木

你无法想象阿童木对日本的影响究竟有多大……

《铁臂阿童木》是日本漫画界宗师，被日本漫画界称为“漫画之神”的手冢治虫（1928～1989）首部连载作品，也是日本第一部电视连续动画，同时也是中国大陆引进的第一部外国动画。

1952年，手冢治虫的《铁臂阿童木》问世，轰动日本，这个勇敢、聪明、正义，有十万余马力，可以上天入地的小机器人几乎是人见人爱。故事里阿童木是一个被天马博士造出来的尖端机器人，这个机器人可以说是所有家长都梦寐以求的孩子典范。他热衷学习，喜欢科学，聪明勇敢，心地善良，团结友爱，有着与恶势力坚决斗争到底的决心和毅力。这样的性格不要说家长了，就是学生也很乐意有这样的好哥们，于是阿童木无论在大人还是孩子中都十分受欢迎。

《铁臂阿童木》的动画片改变了一些人对漫画的偏见，那些以前认为儿童看漫画会影响学业甚至还会受到不良影响的家长们，开始鼓励孩子看漫画。动画版《铁臂阿童木》不仅在海外销售很好，其商业化的周边产品也产生了新的经济效益，于是手冢治虫在日本漫画界无人可比的地位就这样确定了，而且也奠定了日本动漫在世界动漫界中不可动摇的地位。

小贴士：

手冢治虫和万籁鸣

1943 年的某一天，当时的少年手冢治虫看到了由中国动画片鼻祖万籁鸣兄弟导演的《铁扇公主》后，决心将动漫作为自己的终生职业。于是多年后，《铁臂阿童木》、《森林大帝》等伴随一代人成长的动画片和动画形象诞生了。也正是他的漫画和动画，拯救了当时濒临崩溃的日本动画产业，引领了日本战后漫画风潮。日本动画协会理事长松谷孝征说：“万先生是手冢先生最尊敬和佩服的人。很多人认为手冢先生受迪士尼动画的影响比较大，实际上，他受中国动画，尤其是万先生动画的影响更早，也更深远些。”1981 年手冢先生特意拜会了儿时偶像万籁鸣，并与他合作了一张孙悟空牵手阿童木的插画。1988 年，手冢治虫完成了他最后一部动画片《我的孙悟空》的草案，并在扉页上写下了“这是我的孙悟空”。2003年，为纪念阿童木诞生50周年，手冢公司推出了手冢治虫倾注了特殊感情的动画片《我的孙悟空》。

阿拉蕾

有这样一个女孩，成绩全优，长相可爱，性格开朗，聪明能干，说到这里你一定会啧啧称赞。那么……她要是很喜欢玩大便呢？（笔者被不明真相的群众围观中……）

哈哈，就是有这样的一个女孩，只不过她是一个机器娃娃。她的名字叫做阿拉蕾。

《阿拉蕾》（又名《怪博士与机器娃娃》、《IQ博士》）是日本著名漫画家鸟山明在1980年代创作的漫画作品。故事开始于一个叫“企鹅村”的远离城市的偏僻村庄。村中有一名自以为是天才的则卷千兵卫博士。他想制造一个和真人一样的机器人，所以造了则卷阿拉蕾。于是一系列荒诞不稽的故事从此展开……

阿拉蕾从外表看是小学生（其实是初中生），有高强的学习能力，但只有幼稚园的心智（貌似村内同龄的人都是这个智商），最大的爱好是玩弄地上的粪便或将头颅和身体分离。由于制造阿拉蕾的过程中发生了小故障，影响了视力，所以她一直佩戴着一副黑框眼镜。阿拉蕾什么都不吃，但必须喝一种名为“胖维生素A”的饮品（机油？），否则就GAME OVER了……

她给大家的印象就是四个字：劣迹斑斑。比如说，用身体将警车撞坏（一日一次）；对他人进行恐怖纠缠；经常破坏地球和月亮……最强悍的是所有劣迹都是在无意识的情况下进行的（真是无辜又无奈的家伙——）……

两部作品都是以阿开头（汗），都是由一名资深博士制造出来的超级机器人，而且都是少年形态，且都是日本第一代漫画的辉煌之作！

巴巴爸爸

巴巴爸爸是一部法国系列连环画，首次发表于1970年。它被改编成动画片后，1981年在美国首播，立刻风靡全世界，是80年代最著名的动画片之一。巴巴一家可以变成任何东西，巴巴爸爸遇到了巴巴妈妈，然后又生了七个孩子。“巴巴爸爸”在法语的意思是“爷爷的胡须”，而松软的像胡须的棉花糖也叫做“巴巴爸爸”。因为法国的棉花糖大都是粉红色的，所以巴巴爸爸也是粉红色的；因为彩虹有7个颜色，所以他们有7个不同颜色的孩子。

没有什么问题可以难倒巴巴爸爸和巴巴妈妈！他们充满智慧，还能轻而易举地变换成各种造型；他们友好和善，总是乐于帮助别人。和蔼可亲的爸爸妈妈有7个孩子，绿色的是巴巴拉拉，她会演奏好多种乐器，是个小音乐家；蓝色的是巴巴布鲁，巴巴布鲁经常做一些冒险性的试验，结果往往是灾难性的；黄色的是巴巴祖，巴巴祖是个动物学、植物学、气象学、环保学……家，乐于助人，尤其是他的兄弟巴巴布鲁在做实验的时候；紫罗兰色的是巴巴蓓尔，巴巴蓓尔是全家最漂亮的妹子（至少她自己是这么认为的），她喜欢珠宝和一切美容化妆品，她最害怕毛茸茸的小东西，什么毛毛虫啊，蜘蛛啊，她一看见就会晕过去！还有黑黑的、毛茸茸的巴巴伯，橙色的巴巴利波，红红的巴巴布拉伯……说不过来了，快去看吧！

巴巴一家有个相当考验肺活量的介绍，令当时的孩子争相模仿："这就是巴巴爸爸、巴巴妈妈、巴巴拉拉、巴巴利波、巴巴祖、巴巴伯、巴巴蓓尔、巴巴布鲁、巴巴布拉伯！记住了吗？巴巴爸爸、巴巴妈妈、巴巴拉拉、巴巴利波、巴巴祖、巴巴伯、巴巴蓓尔、巴巴布鲁、巴巴布拉伯！"你念下来了吗？念下来了？那好，现在再背一遍试试……

辛普森一家

《辛普森一家》是美国的一部动画情景喜剧，由马特·格勒宁创作。该剧通过展现霍默、玛琦、巴特、莉萨和玛吉一家五口的生活，讽刺性地勾勒出了居住在美国心脏地带人们的生活方式。

第一次看到这部动画的人往往会吃一惊，这一家子长得像碱搁多了的馒头似的，一家人那个黄啊……老爸霍默·辛普森是核电站的一名安全检查员，喜欢吃垃圾食物，顶着肥大的肚腩。他过着不是啤酒就是电视的堕落生活，每天在家除了沙发——床，就是床——沙发。最大的乐趣居然是掐儿子脖子！老妈玛琦·辛普森，黄黄的脸上顶着一头蓝色的1字形酷发，颇具波普风格，是个好脾气的完美主妇。儿子巴特是个恶搞天才，最爱恶搞的对象就是老爸辛普森(所以总被爸爸掐脖子……)。巴特妄想成为尼尔森一样的学校霸王却经常被尼尔森痛扁。3岁的婴儿玛吉不能说话，不能独立走路，却过着一种刺激的生活——在托儿中心上演辉煌的婴儿逃跑记。

辛普森一家以其惊悚的造型和令人痉挛的奇怪剧情赢得了“100个最伟大的儿童节目”及“100部最伟大的卡通片”节目的榜首，被许多评论家看作是有史以来最伟大的动画。

两部都是述说和谐而纠结的一家人的故事，而且这一家人的形象设计都比较超现实，在家庭各角色的性格设定上，非常能代表他们本国人的形象！

变形金刚

你看过电影《变形金刚》吗？没有？那玩过变形金刚的玩具吗？也没有？那……你知道“变型金刚”吗？不知道？你是地球人吗？……

“汽车人，变身！”这句足以让所有80后热血沸腾的经典台词现在仍然活跃在国际动漫界甚至国际电影界中。变形金刚目前有动画 16 部，共 702 集，剧场版 2 部，电影版 2 部，模型 9 个等级，而且还在继续增加中。由此我们可以看出，喜欢变形金刚是一项多么“烧钱”的爱好了……

一提到外星人，大家脑海里也许浮现的都是 ET 那种大脑袋细脖子身材严重畸形的不明生物体，但不要忘了我们的变形金刚也是一群外星人哦，他们就是赛伯坦(Cybertron)星球的居民。变形金刚有两大类，军用和民用。军用的叫霸天虎，民用的就是我们亲切的汽车人。1000 万年前，赛伯坦上的霸天虎联合起来，为争夺赛伯坦星球的领导权而同汽车人发生了冲突，双方在一颗行星(地球?)附近激战，霸天虎在威震天的率领下攻入汽车人的飞船——方舟。激战中双方飞船坠毁在地球上。接下来的事情你有两种选择：1. 看早期的动画版剧集；2. 看麦克尔贝导演、斯皮尔伯格监制的电影。私底下说，不论是哪个版本的《变形金刚》，汽车人的首领擎天柱都是那么的帅……

奥特曼

看到至今小学生们的衣服鞋子书包上印的都还是奥特曼，你就能明白，《奥特曼》这部作品这辈子是不打算结束了……

奥特曼，源自英文“Ultraman”，超人的意思，中文是直接音译。超进化给他们带来了完善的生命形态，同时也使他们背负起了沉重的历史责任，在这种历史责任感驱使下，奥特曼的足迹遍步宇宙，而其中有这么几位奥特曼，他们来到了我们所在的地球，邂逅了宇宙中最奇妙也是最难以捉摸的生命体——人类。

《奥特曼》是圆谷株式会社拍摄的科幻电视连续剧，1965 年开始在日本 TBS 电视台播出，一播就播了 45 年，而且现在还在播……

和变形金刚一样，奥特曼也是体形巨大的外星人，不过与先和人类接触后产生好感的变形金刚比，他们只是抱着管闲事的心态来到了地球(这体现了宇宙人民和谐共存的团结精神……)。我们上面说到奥特曼迄今已经活了 45 年，这 45 年他们可没闲着，目前奥特曼作品里共有奥特曼 28 个(我指的是有名字的)，电视剧 1037 集，纪念片 196 集，广告片 195 集，电影 53 部，动画 50 集，特别篇 45 部，游戏 19 款，舞台剧 14 台，漫画 9 套，还没算那些各种各样的周边系列节目和书……

想知道自己究竟被奥特曼影响有多深？试试看自己会摆多少个消灭怪兽的 POSE！

这两部都是体形巨大的外星人，对人类都有好感甚至是依赖感，都寄居在人类生存的地球上，消灭妄图破坏地球的自己星球人。一般打完架后，当地都损失惨重，尤其是军队，估计都要重组了……

海贼王

财富，权力，地位，男人所有的梦想无非就是这三样。“想要我

的财富吗？那就去找吧，我的一切都在那里，在那伟大的航道！”曾经拥有一切、传说中的“海贼王”哥尔·D·罗杰，在临死前留下了这么一句话，让全世界的人们趋之若鹜奔向大海。所有的男子汉们开始起航，为了争夺世界第一的宝藏“ONE PIECE”，争相出海驶入伟大航路，成为海贼，并开始树立霸权，世界迎来了“大海贼时代”。

故事主人公蒙其·D·路飞正是这样来到大海的。在遥远的路途上，路飞先后遇到了一些志同道合的伙伴，一起进入“伟大航道”，追逐梦想。这就是日本超人气动漫作品《海贼王》的主线剧情。这部十多年来日本的统治级漫画，单行本占据十年销量冠军，累计发行1亿8900万册，成为日本史上漫画单行本累积销量最高、初版印刷数最高(57卷300万册)以及最快到达一亿册(7年)的纪录保持者。

“我可是要成为海贼王的男人啊！”这就是我们的主人公——路飞的宣言。这种男人的豪迈战斗，少年对梦想的坚持，深深感动着所有读者，大家坚定地追逐着路飞一起走完整个航海路线……

火影忍者

《火影忍者》是日本漫画家岸本齐史的代表作。故事成功地将原本隐藏在黑暗中，用世界上最强大的毅力和最艰辛的努力去做最密不可宣的事情的忍者，描绘成了太阳下最值得骄傲最光明无限的职业。在这个忍者的世界中，每一位年轻的主人翁都在开拓着属于自己的忍道。

“我要成为火影!”看过的朋友们都不会忘记鸣人的这句口头禅吧。一个因为身体里封印着妖怪而被大家所厌弃的的主人公鸣人,在伊鲁卡老师的关心下,不仅保持着乐观的精神,甚至还立志要成为所有忍者都梦想成为的“火影”。他并不只是随便说说,怀着过人的自信与勇气,他与卡卡西老师带领的佐助和小樱两名同班同学踏上了漫长的“成为火影”的修行之路。这种向着梦想一路前行的魄力,还真是让人羡慕呢。如果你也有梦想,那么也要一路前行别放弃哦!

都是至今还没完结的知名连载,而且都是少年追求梦想的励志类漫画,中间有欢笑有忧伤,有分裂有理解,甚至还有生离死别。但任何事都不能阻挡少年的决心!有合拍而能干的同伴也是共同特色!

黑猫警长

他是一只黑猫,穿着黑色警服,骑着一辆摩托,带着手枪电棍,侦破案件,铲奸除恶,他从不留下名字,大家都叫他“黑猫警长”。这就是 1984 年上海美术电影制片厂给我们留下的一个传奇式的动漫界英雄形象。

本部作品原作只有5集，时隔9年之后又出了12集，新版的黑猫警长面部全黑，身着红色警服，但是给大家印象深刻的仍然是一袭黑衣的“老黑猫”。（个人也觉得还是穿黑的比较酷啊……）目前，100多集的最新版《黑猫警长》制作项目开始启动，过不了多久，人们将再次领略到黑猫警长的魅力！

值得一提的还有《黑猫警长》电影，于2010年4月23日全国公映，去看了的人请举手！

名侦探柯南

不知道有多少人像我一样，一提到“大头儿子小头爸爸”，第一反应是《名侦探柯南》……

“我的名字叫江户川柯南，我是个侦探！”《名侦探柯南》是日本著名漫画家青山刚昌在漫画杂志《少年SUNDAY》连载至今还没完结的作品，已被改编成动画和真人电视连续剧。动画版《柯南》的阵容非常强大，片中歌曲均由仓木麻衣、B’Z、ZARD、滴草由实等日本一线歌手倾情演唱，配音方面也是由高山南、山口胜平、林原惠等一线配音演员上阵，电视剧则是由小栗旬、柴田杏花等一线明星演出。可以说这部作品在保证经典的同时还能保证当红是大家共同努力的结果，青山刚昌，你不是一个人在战斗！你不是一个人！……（被拖走）

看过柯南的人知道，江户川柯南只是外表看起来像小学生，其实真实身份是高中生侦探工藤新一（被称为“日本警察的救世主”、“平成年代的福尔摩斯”），被黑暗组织的人灌下使身体变小的毒药才变成如今的火柴人，然后这个自称 7 岁的小侦探就开始了孜孜不倦地席卷全世界观众钞票的生活……

说柯南是动漫界的传奇人物一点也不夸张，日本鸟取县（日本的县和中国的省一个等级）大荣市是《名侦探柯南》的作者青山刚昌出生并成长的地方，是以“名侦探柯南的故乡”而发展起来的一座城镇。在那里随处可见柯南的形象和以他为题材的标志，并修建了柯南路和柯南大桥，在大荣图书馆门口还可以看到工藤新一的铜像。迄今为止，柯南的收视率一直位居日本动画收视率前五位，漫画书的销售位列日本漫画销售量前 20 名，最新的第 13 部剧场版《漆黑的追踪者》（第 14 部正在上映中无法统计）在日本的票房成绩 35.93 亿日元（即人民币 2.8 亿多元）。柯南哪里是个侦探，根本就是个造钱机器嘛……

“真相，永远只有一个！”柯南，也永远只有一个！

都是侦破案件十追缉凶手的动画，智力挑战与大片追逐戏共存，男主角都是大家心目中绝对正义的化身，而且都是大人和小孩子没有代沟的共同偶像。

哆啦 A 梦

哆啦 A 梦是日本著名漫画《Doraemon》中的主角，以前叫机器猫，后来根据《Doraemon》的作者藤子 · F · 不二雄的遗愿，世界各地把他笔下的这个可爱的蓝色猫型机器人统一使用本来响亮的名字——Doraemon，后中国根据其发音翻译成了现在的哆啦 A 梦。

哆啦A梦的创造要追溯到1970年的某个截稿日，大师藤子不二雄的家里突然闯进了一只小猫，虽然很快就要截稿了，但大师还是和小猫玩了起来，还替小猫挠虱子，而这一挠就是几个小时，等大师发现时间不够用的时候，已经来不及完成稿子了，这时大师像热锅上的蚂蚁走来走去，突然踢倒了女儿的不倒翁玩具，于是大师灵光一现，把猫的形象和不倒翁结合起来，就创造了带给我们欢乐的哆啦A梦。

大家知道哆啦A梦本身是什么颜色吗？它可不是天生的蓝色哦，一开始他和他的妹妹哆啦美一样都是黄色的，但是有一次哆啦A梦贪睡的时候被老鼠咬掉了耳朵，伤心得哭了三天三夜，把身体的颜色都洗掉了，露出了本来的蓝色。这也同时解释了哆啦A梦害怕老鼠，并且没有耳朵的原因了。

哆啦A梦的四次元空间袋，总是在大雄遇到困难的时候派上用场，掏出很多秘密的道具，能够解决各种各样的问题。哆啦A梦把大家很多的梦想用它的口袋变成了现实。真是羡慕大雄有这样的好伙伴啊！

蓝猫

《蓝猫淘气3000问》两年间在中国多家电视台的儿童节目时段播出，在内地普及程度相当快，很受幼儿欢迎。而且开创国内先

例，在各大城市广泛开设了“蓝猫”专卖店并生产针对儿童的商品，如书包、童装等。在香港，亚洲电视在2000年间曾购入此动画并广泛宣传。台湾则于东森幼幼台播出，后转往迪士尼频道播放。2006年12月，三辰集团与韩国东宇动画签署协议，由韩国方面翻译并引进至韩；另三辰集团亦与泰国智慧教育集团签约，把《蓝猫》系列图书翻译并引进至当地中小学。

看名字就知道，蓝猫就是《蓝猫淘气3000问》的男主角，它性格憨厚、好动，有爱心，特别喜欢别人叫它“猫大哥”。它的绝招是蓝色光波拳，黄金右脚，防御时擅长使用蓝色光波罩、蓝色光波拳升级蓝影墙、超威光波网。现在它已经是孩子们眼中的小明星了。目前已经拍了N多集(不知道是否真的打算拍个3000集……)

告诉你个小秘密，《蓝猫淘气3000问》据说一开始的名字是叫《十万个为什么》，这个名字实在是有够烂大街呢……哈哈。

它们都不是人。都是蓝颜色的。都是猫。都是带领小朋友们走近科学的智慧生物。而且两位主人公的商业化运作都非常成功，以其亲切可爱而尊重科学的形象受到许许多多家长的喜爱！

蜡笔小新

如果你有一个同学，经常把妈妈的衣服戴在头上学动感超人，看见漂亮的大姐姐就上去搭讪，你会不会与他保持3米以上距离并努力让周围人知道你其实不认识他？但是这个看似讨厌的孩子却博得广大各界人士的喜爱，从而成为经典的动漫形象之一——他就是“野原新之助”。

《蜡笔小新》是日本已故漫画家臼井仪人的著名作品。2009 年 9 月 11 日，臼井仪人身故后，本漫画成为未完成之遗作。其主角野原新之助(小新)被称为“最‘无耻’的小孩”，也是最个性张扬的时代卡通人物之一，深受小朋友和童心未泯人士的欢迎。

小新是一个年仅 5 岁，正在幼儿园上学的小男孩。他内心早熟，喜欢欣赏并向美女搭讪。最初小新与父亲广志和母亲美伢组成一个三口之家，随后又添加了流浪狗小白，日子纷繁琐碎却不乏温馨感动。随着故事展开，又加入了新的成员妹妹野原葵。

小新有很多令美伢抓狂的特长，比如说举屁股晃动、跳草裙舞、跳大象舞。通常在他激情的表演之后，会迎来头上重叠的 3 个大包。有的时候真的超级佩服小新的父母，这样的孩子真是养一天都让人崩溃啊。像妮妮的妈妈就非常不喜欢他，每次小新来后她总是用兔子玩偶出气(兔子玩偶：我招谁惹谁了……)。

这就是小新，活泼、标新立异却又顽皮早熟、超级健忘的头疼小孩。真的还挺期待他长大会是什么样子。不过我更好奇，这样的小孩以后做了爸爸……(还是不想了，凉气从后背冒出……)

小贴士：

蜡笔小新经典语录

★小新：有酱油卖吗？

鱼铺老板:没有。

小新:有芥末卖吗?

鱼铺老板:没有。

小新:什么都没有还敢开店。

★老师:现在上"急救"课,有人受伤,第一步要怎么做?

小新:我知道,问他要不要捐赠器官?

★妈妈:小新,你看,妹妹考100分,你才50分!

小新:我是照你的话做的。

妈妈:我说了什么?

小新:你说我只要有妹妹的一半就很好了。

★老师:小新,你的美劳作品太好了,明天学校要派你参加全市的比赛。

小新:不行。

老师:为什么?

小新:劳作是我爸做的,他明天要上班。

★小新:妈妈,你说做任何事,必须有始有终,不可以半途而废,对不对?

妈妈:没错!

小新:那,连续剧今天是完结篇,你不能阻止我看完。

★妈妈:游泳真好~

小新:妈妈,你愈来愈像鱼了。

妈妈:你是说像美人鱼吗?

小新:不是,你的鱼尾纹愈来愈多了。

★妈妈:小新,要你补英语是希望你不要输在起跑点上!

小新:我早就输在起跑点上了。

妈妈:你输了什么?

小新:遗传。

樱桃小丸子

“噼里啪啦，噼里啪啦，上学不迟到……”早晨总是被这样的闹铃声叫起，而多少人知道，这个是专属于樱桃小丸子的可爱声音呢？

《樱桃小丸子》是日本的一部著名动漫，原作者为樱桃子。

故事围绕着小丸子及其家人和同学展开，有关于亲情、友谊等，或是一些生活小事，故事有笑有泪，令人回想起童年的稚气。最特别的要数故事人物尴尬时的招牌表情，会突然出现在脸上的黑线，有时还会伴随着一阵寒风从头后吹过，这些现在都已经化身为动漫界甚至网络经典常用表情了。

小丸子大错不犯小错不断，是一个偶尔无理取闹、爱和姐姐争吵、爱看《Ribbon》漫画但不爱运动、耍笨耍宝不收拾房间、对功课临时抱佛脚、爱占小便宜、粗心大意，拥有不少小缺点的女孩。平常最喜爱和小玉玩贵妇人游戏（两个小朋友扮成有钱的太太），遇到想学的事就半途而废（小朋友可不能学她喔）。她性格倔强，不听别人劝告，给家人带来不少麻烦。不过呢，她却一直为当漫画家的梦想而坚持，也是个爱护小动物、有侦探头脑、乐观的小女孩。

看着这样天真顽皮爱幻想又一堆小毛病的小丸子，是不是觉得自己有几分与她相似呢？

一样的年龄段，一样的爆笑童年，一样的纠结生活，一样的纯真可爱，都把笑料建立在主人公的老师和家长痛苦之上。

龙猫

龙猫是日本动画大师宫崎骏 1988 年的动画电影《龙猫》中的一个经典的卡通形象，因为这部平静而温馨的电影，龙猫这个可爱的生物在全世界都家喻户晓。

故事中的龙猫生活在龙猫的世界，普通人看不见它，只有小孩子纯洁无瑕的心灵才可以捕捉到它们的踪迹。我们一般说的龙猫指的是多多洛，片中 3 只龙猫里最大的一只，它至少有三米高，年龄为 1302 岁，身体呈灰色，圆滚滚胖乎乎，是个友善的森林守护者。动画里龙猫的世界为我们大家带来一个天真自然魔幻的梦。

现今龙猫俨然已经成为一个大众偶像，四处可以看见印着龙猫那憨厚形象的生活用品和精美饰品。甚至有一种动物叫南美洲栗鼠，因为和龙猫长相酷似于是也被取名为龙猫，迅速窜红宠物市场，成了年轻人尤其是少女的首选饲养对象。即使龙猫们售价不菲也依然市场火爆，这真是托了动画版龙猫的福啊。

星际宝贝

史迪奇是《星际宝贝》系列动漫中的角色，2001年首次登场。这个可爱而凶狠的小生物一登场就博得了全球观众的喜爱。很快，史迪奇形象的玩偶、文具、挂件等周边，纷纷出炉。你可能没看过《星际宝贝》，但不可能不知道史迪奇。

《星际宝贝》讲述了一段温馨感人又不失紧张刺激的传奇故事。一天，生活在夏威夷的小女孩莉萝花两元钱(这么便宜!)领养了一只可怜兮兮的流浪狗，为它取名为史迪奇，于是我们的主角登场了。但是她万万没有想到的是，这只长相有点怪异的蓝色动物其实才不是普通的狗，它居然是一个长着六只脚的外星生物！为了在地球上隐藏身份，史迪奇把其中的两只脚藏起来，让自己看起来像是一只狗，从而利用莉萝逃避外星捕头的追缉。在与莉萝生活的时光里，史迪奇不仅与莉萝建立起坚固的情谊，更体会到家庭情感的可贵，从而拥有了基因试验中并未设计的能力——关心别人。当莉萝遭遇强敌绑架，史迪奇也终于大展拳脚，成为了真正的英雄！

本片是迪士尼公司佛罗里达片场继 1998 年的《花木兰》后，原班人马负责制作的第二部动画片。以颇具创新意味的叙事手法，诠释家庭亲情的真谛。影片在全球上映后，票房成绩一路飙升，突破 2.45 亿美元大关，成就史迪奇的钻石传奇。

主人公都是不会说话的非地球生物，可爱憨厚又长着凶猛的牙齿，酷似大熊猫，而且两位主人公都已经超越作品，成为自己国家卡通界的代表形象了。

龙珠

《DRAGON BALL》中文译名《龙珠》（又名七龙珠），是日本著名漫画家鸟山明的得意作品。该漫画后来被改编成动画片、真人电影上映。

《龙珠》创造的纪录至今为止仍没有其他任何漫画可匹敌，并且被誉为日本的“国民漫画”。漫画早期比较偏重于搞笑，而且有很多风格和人物剧情都根源于《西游记》(难怪主人公名字叫孙悟空);后半部分则充斥着热血而壮烈的打斗,剧情日趋悲剧化且诡异,转折性的登场人物就是一身绿油油,长着骇人的触角,邪恶阴险,捏死了神龙,打死秃灵,打死龟仙人,打死天津饭三眼弟弟,打死小猪,打死狼牙风风拳……的比克大魔王!不过即使是BOSS,资深漫迷们心里也清楚,反派的死那只是时间问题而已……(摊手……)

《龙珠》的开头是一个传说:神造了一只神龙,这只龙需要收集齐散落在全世界各地的7颗龙珠才能召唤出来,龙会实现一个召唤者的任何愿望后扬长而去,龙珠又瞬间散落世界各方,于是各路鸡鸣狗盗贫富贵贱纷纷出来寻找龙珠……而千呼万唤始出来的神龙却被魔王杀死……主角悟空因为要复活神龙而成了神的奴仆,他的任务是(不得不)与一个又一个奇形怪状的妄图毁灭地球的残暴外星人搏斗,一场场艰辛的战斗下来最后却发现自己不是地球人……这篇超长连载的剧情是多么穿越多么脱缰多么让人五体投地,大家看了就知道了……

说到《龙珠》就不得不提到天下一武道会,这个危险至极的武场周围总是挤满了不怕死的热血炮灰观众,这些观众中活下来的后来还去看了《幽游白书》里的暗黑武道会……咳,我串台了……

大闹天宫

《大闹天宫》家喻户晓,是上海美术电影制片厂于1961年开始制作的一部长达114分钟的彩色动画电影,它的人物、动作、画面、声效等等都达到当时世界的最高水平,是中国动画史上的丰碑。影片公映后,在国际上产生巨大轰动,回响非凡,用实力和影响力证明了中国动画水平是世界一流的。

《大闹天宫》的剧情节选自《西游记》，对于这部几十年都坚持每个寒暑假放几十遍的作品的剧情我不想再多啰嗦了（说到这脑海里已经响起西游记主题曲了），总之说的是从孙悟空当上猴王之后到被压在五指山下的这段故事。齐天大圣孙悟空无论是哪个版本都是顽皮而且英勇，这一点在动画里表现得更加生动自然。柔韧的线条和流畅的画面，寥寥几笔孙悟空就被透彻地表达清楚了。大闹天宫的孙悟空，不仅给一代又一代人带去了欢乐的童年，也是中国动漫界最优秀的经典角色之一。

主人公都是猴子，都叫孙悟空，而且还都有筋斗云和金箍棒，整部作品看下来，除了神这一级别的，最厉害的就是孙悟空自己了。他们都有无敌强大而内敛的老师，思维受老师的影响而成为我们所看到的孙悟空。

圣斗士

相信圣斗士是很多80后们最难以忘怀的一部经典动画了，这部车田正美的梦幻之作在漫迷们心中永远是一块圣域，也是日本少年漫画的开篇巨作。这群总共88人，身披不透气闷得慌超重大铁疙瘩的少年们，因为是正义的使者，所以注定与邪恶的波赛冬率领的野蛮大军展开壮烈的战斗。

为什么他们叫圣斗士呢？因为他们是身穿着圣衣的斗士。圣

衣是怎么诞生的呢？在很久很久以前（这是很多故事都喜欢用的开头）……觊觎大地的海神波赛冬召集了大批健壮的战士们，妄图从智慧女神雅典娜手中夺取大地的主神之位，然而温柔美丽（为什么每次形容女主角我都只能想到这一个词?）的雅典娜讨厌刀光剑影，喜好观看肉搏战，于是少年们都以自己的肉体来应战（这是何等的惨烈和悲壮啊），良心发现的雅典娜指示穆（大陆的炼金术士）用特殊材料制造了一种可以自我修复的盔甲，即“圣衣”。然而就是这样的圣衣包裹下，少年们依然被狂斗士们打得吐血的吐血，骨折的骨折，我说穆你这质量是不是不符合国家标准啊……经过了无数的战役，圣斗士们一代一代地沿续下来。最后，高喊着“燃烧吧我的小宇宙”、每次被反派打到快死才能反败为胜的星矢等人出现了，少年们燃烧着小宇宙在漫长的历史中一次又一次在哪里倒下在哪里站起坚韧不拔地守护着雅典娜的地盘……

美少女战士

我相信如果让动漫迷来摆一个漫画角色的POSE的话，90％首先想到的除了奥特曼消灭怪物必杀招，就是水兵月“代表月亮消灭你们！”的枪毙式造型了！

《美少女战士》是漫画家武内直子的代表作。这部作品当时不仅成为变身战斗系美少女作品的开山鼻祖，其作品与角色的魅力也超越时空，至今仍在日本与欧美拥有着非常强大的影响力。主角团队由月野兔、水野亚美、火野丽、木野真琴、爱野美奈子、小小兔、天王遥、海王满、冥王雪奈、土萌萤、星野光、大气光、夜天光组成，中国因为只引进了 89 集，所以有很多人并不了解除了前 6 位以外的其他角色。不过这并不妨碍中国的观众们了解和喜欢这部作品，有相当一部分人是从看《美少女战士》开始才喜欢上日本动漫的呢！有的人是喜欢可爱美丽的主角们，有的人是喜欢正义必胜邪恶的经典桥段，有的人是喜欢画家精细美丽的画风，这在那个时代可是非常惊艳的画作！值得一提的是，《美少女战士》里很多道具都是武内直子直接参照家里的各种饰物和用品而画的哦！漫画世界也是充满生活的淡淡趣味的～～～～

一个是少年漫画的样板，一个是少女漫画的典范，在各自领域里都有着突出的地位。主人公都是团体合作战斗的变身类形象，而且都有一招必杀招，名字地球人都知道！虽然中间会有艰苦的战斗，但最后总是能获得胜利的！

史努比

问各位一个问题，你有养狗吗？如果有的话，那……你家的小狗会用两只脚走路吗？偶尔能？那……你家的小狗会跳舞吗？你带着它跳就行？那……你家的小狗会用打字机写小说，并且立志当一名作家吗？哈哈哈哈，我终于难到你……不，你家狗了……告诉你哦，有只小狗能做到哎。不信？那我说出这只狗的名字你就相信了——它就是鼎鼎有名的史努比。

史努比(Snoopy)是漫画家查尔斯·舒尔兹从1950年代起连载的漫画作品《花生漫画》中，主人翁查理·布朗养的一只黑白花的小猎兔犬，品种为米格鲁犬。

史努比是一个运动万能，喜欢写小说，喜欢吃比萨、饼十及冰激凌的人性化的小猎犬。它总是端坐在狗屋的屋顶上，不断地幻想自己变成各式各样的化身，有时变成律师、棒球选手、酷哥乔(Joe Cool)，有时又变成第一次世界大战的飞行英雄，有的时候又变成一名外科医师。虽然会参与许多事情，但基本上还是陶醉在自我的世界里：化身为棒球选手时，其实是棒球队的包袱；化身为外科医生时，只是因为爱上外科医生做手术时所戴的那顶帽子，一见针筒便怕得要死。除此以外，史努比喜欢扮响尾蛇，因为它样子纯良，不像是会吃人的危险动物。它最大的兴趣是写小说，不过它寄给出版社的稿子每次都被退回……

史努比拒绝承认自己是狗，它还有一个秘书——一只常常忘记要飞回故乡的候鸟。史努比教它打网球，还和它一起溜进写明

"小狗和鸟不得入内"的图书馆看书。汗……

很喜欢史努比的一句话,热爱你的敌人,也是一种幸福。做狗也会宽容,那么做人呢?如果不懂宽容,是不是连……史努比都不如呢?

凯蒂猫

凯蒂猫(Hello Kitty)是史上最值钱的……猫。这只原本是在廉价塑料钱包上出现的无名小猫,如今已摇身一变成为在全球赚到盘满钵满的可爱偶像。而且,不要忘记,与机器猫"哆啦A梦"和加菲猫不同,Kitty猫只是商品,是没有任何电影或漫画支撑的。这只世界上最具市场价值的猫同世界上最著名的一只狗——Snoopy(史努比)、世界上最受欢迎的一只熊——Winnie Pooh(维尼熊)等卡通形象一样,长盛不衰的原因在于有能力创造不仅吸引小朋友,也掳获全球女性芳心的产品。30多年来,这只没有嘴巴的小猫继续微笑着,成为孩子们尤其是小女孩们最令人放心的伙伴和榜样;当一代女孩长大成为母亲后,依旧会和她的女儿一样,喜欢着这只猫。

那么这只没有嘴的小猫靠什么来赢得女孩们的芳心呢?原来,支持者们就靠这副没有表情的猫脸孔,随意解读她的想法。这也是三丽欧(凯蒂猫创始人信太郎的公司)的构思,让没有嘴巴的Kitty猫赋予消费者想象的空间,容许人们将自己的情绪投射到Kitty猫身上。换句话说:你今天想Kitty猫是快乐的,她就是快乐的;若是你今天心情不好,Kitty 猫就是忧郁的。这种角色替代,容易让人感觉她是亲密的伙伴。

这只可爱的小猫,没有与之配套的故事、电影、图书…… 可以说,迪士尼卡通产品模式的成功元素在 Kitty 猫身上几乎一项都不具备,但是它却是有史以来最赚钱的卡通形象之一。Kitty 猫满足了人们对于童真的热望,完全依靠自身的感召力,成为跨世纪的一个长盛不衰的文化符号。

都是品牌化的卡通人物,全世界都有以他们名字命名的专卖店,从纪念卡到钻石饰品都有! 专卖店都时尚而有品位,虽然有时价钱不能让所有人接受……

灌篮高手

《灌篮高手》(原名《Slam Dunk》)是日本漫画家井上雄彦以高

中篮球为题材的漫画及动画作品。仅101集的作品竟与508集的《七龙珠》同为促成周刊《少年Jump》发行量跃居同类期刊之首的原动力。它与漫画《足球小将》、《棒球英豪》并列为日本运动漫画之巅峰。该作的电视动画版播映期间在全世界青少年中掀起了篮球热潮，樱木花道、流川枫（尤其是流川枫）等角色成为众多年轻人心中的偶像。

这是一部让一代人疯狂的动画。红毛猴，野狐狸，大猩猩……这些外号亲切得就像他们是活生生的同班同学；樱木花道连续被甩50多次的光辉恋爱记录，全体磕头痛哭求班主任给补考的机会，穿着超短裙的啦啦队MM们大喊着"世界上最帅的流川枫"，一幕幕诙谐爆笑的场面仍历历在目。总是被流川枫刺激到的樱木，喜欢刺激樱木的流川枫，喜欢用暴力解决问题（主要是樱木）的赤木，忧郁矮子良田，没有门牙的三井寿……这支叫做湘北的怪人球队就没一个正常的！故事起因是草履虫属性的男主角樱木为了让自己第51次恋爱不再失败而努力（死皮赖脸）进入了湘北篮球队，但后来却被篮球的魅力感染而变成一个不折不扣的篮球爱好者，踏上了成为篮球手的征程。"我是天才!"樱木的这句口头禅感染到不知多少青春少年将这句话刻在自己的课桌上而被同桌当白痴看……

网球王子

如果说《灌篮高手》更倾向于经典的话，《网球王子》更倾向于流行。《网球王子》是继《灌篮高手》之后，又一部以运动为主题的成功漫画。从1999年7月开始连载，《网球王子》漫画总共历时九年，由各界知名艺人参与，分别改编成了音乐剧、动画、真人电影。在漫画被改编成动画片播出后，日本乃至亚洲的青少年中一度掀

起了网球热潮。2003 年 3 月 30 日在东京著名的有明竞技场举办的“青春学园庭球祭”，更号召了一万六千名的动漫迷参加，是近年来日本都少见的动漫盛况！

《网球王子》能获得巨大成功，除了精彩的剧情和丰富的画面以外，华丽的男主角们有着绝对脱不清的干系！超级人气王越前龙马，少女杀手不二周助，优雅帅哥幸村精市，英俊少年神尾明，贵族美男迹部景吾……9 个球队 100 余名帅哥，绝对老少通吃迷死万千，包有一款适合您，绝对没有一个女性观众能神智清醒地从《网球王子》的世界里走出来！中国看准《网球王子》的巨大市场，不仅注册了“网球王子”的服装商标，还买下了电视剧的拍摄权，由“加油好男儿”选秀节目中脱颖而出的帅小伙子们出演的《网球王子》电视剧早就于 2008 年 6 月 30 日全国放映，该剧全国平均收视率为 0.9，超湖南卫视，位居全国 26 个城市之首！

想打网球吗？当心被我们的男主角用余光看你：“まだまだだね！”（你还差得远呢！）

非常非常成功的运动漫画，不仅都掀起了动漫界的 COS 风潮，也都带来了运动热。帅气的人物和活跃的剧情，博得所有少男少女的喜爱！

喜羊羊和灰太狼

《喜羊羊和灰太狼》也许不是中国最优秀的动画，但绝对是商业化最成功的动画，从一丁点大的孩子到奔三的大龄青年都对喜羊羊和灰太狼的情节和歌曲了如指掌，年轻的姑娘们甚至宣言“做人要做喜羊羊，嫁人要嫁灰太狼”（这句话笔者还没敲完就被输入法智能联想出来了），可见喜羊羊和灰太狼的追逐人生在中国乃至世界都只有两个字可总结：成功！

2010年，《喜羊羊和灰太狼》拍出了第二部剧场版《虎虎生威》，相比第一部8000万的票房，第二部1.28亿的票房更是大大鼓舞了中国动画市场。我们在喜羊羊和灰太狼的身上，看到了中国动漫市场的繁荣，和中国动漫对于“动画只是小孩子看的”的观念的突破，以及中国动漫国际地位的崛起！

猫和老鼠

世界上最聪明的老鼠和最倒霉的猫共处一室会发生什么样的故事呢？欲知详情，请收看动画片《猫和老鼠》（《Tom and Jerry》）！

这一对天生的冤家从诞生开始就注定了给世界带来欢笑。假如你是早晨九点钟就爬起来等待收看动画片的那一代人，那么你必定对我所说的话产生深深的共鸣。假如你不是，那也没有关系，因为Tom和Jerry是不会随着时间而褪色的。相反，它们在时间

长河里浸泡越久，会显得越有魅力，你也越会被感动。

灰白色的汤姆，眼里总是闪着机会主义的光芒，弓着腰在一旁等待机会出击。而棕色的杰瑞，总是用挑逗的眼神看着你，并且常常在不经意间玩弄这只猫。它们的恶作剧非常有趣，不论游戏多么激烈紧张，杰瑞都知道它不会受到任何真正的伤害，而汤姆则总是难免受些皮肉之苦。杰瑞与尿布小灰鼠塔菲同住在这个人家的老鼠洞里，看起来像是被汤姆监视着，但杰瑞却非常机灵，总能使汤姆狡诈的诡计适得其反，总能让它自食其果。这个机灵老鼠与笨猫的故事，堪与米老鼠和唐老鸭的故事相媲美。没有动物世界中恃强凌弱的残酷，只有两个邻居之间的日常琐事和纷争，诸如小老鼠杰瑞偷吃了汤姆的奶酪，汤姆把捕鼠器放到了杰瑞的洞门口等等，中间穿插的无数恶作剧和幽默片断，让人感受到久违的天真快意。它们之间的关系常在一瞬间发生变化——化敌为友或势不两立：为敌时，绞尽脑汁，互不相让；为友时，亲如兄弟，谁也不记仇。

两个在生活中互为敌人的动物，在这部动画片里却像是绝佳的搞怪搭档。这是动漫才能表现的魅力啊！

都是一对欢喜冤家！在追逐的过程中我们习惯性认为的强者总是处于下风，而弱者总是把强者耍得团团转。作品风格都风趣幽默，百看不厌，适合各年龄段。

大力水手

家长最头疼的事情莫过于劝自家孩子不挑食不偏食了，尤其是在烹饪水平普遍较简单的美国。1930年12月12日，家长们的救星出现了，因为他，所有的孩子一改往日对蔬菜的歧视，坚定地表示一定要在餐桌上看到菠菜，哪怕是看起来完全没有食欲的菠菜泥罐头。究竟是谁做到了连健胃消食片也无法达到的效果？答案是：《大力水手》的男主角，波比！

说到这个名字，很多朋友们就会自然地想起那句经典的台词："我要吃菠菜～！"（虽然个人认为女主角的"救命！"更经典一些）——波比是个很有正义感的大小伙子，总是以叼着烟斗昂首阔步的形象出现在大家的面前。他有个美丽的女朋友奥利弗，不过这个可爱的女人总是给他惹麻烦，不是今天被坏蛋抓走，就是在哪闯出个什么小祸。不过不要紧，不管奥利弗在哪，波比总能听到她的呼唤。一般波比先会被坏人打倒，这时他就会寻找菠菜吃，吃了菠菜以后，奇迹发生了！他变得力大无比，人挡灭人佛挡灭佛，更不要说妄图绑架奥利弗的坏蛋了！波比吃菠菜的这个情节在当时的现实生活

中曾产生强烈的效应，美国在20世纪30年代的菠菜销量增加了33%，以出产菠菜为主的得州克里斯特尔城还树立了一个波比雕像！

今天，你吃菠菜了吗？

神奇宝贝

"皮卡，皮卡！！！！！"一只黄色带有狸猫般斑纹的小老鼠用便秘的姿势放出高达十万伏特的强力电流……没错，它就是大名鼎鼎的"皮卡丘"！充满可爱小动物的《神奇宝贝》（又名《宠物小精灵》《口袋妖怪》）绝对是很多人童年珍藏的回忆。

神奇宝贝的创意起源于一种流行于日本的娱乐方式——昆虫收集。在神奇宝贝的世界里，主角们可以肆意捉来一大群小动物即神奇宝贝，它们与其他神奇宝贝战斗以增长技能和进化。捏一捏球就能放出各种各样小到蚂蚁大到犀牛的宝贝来到眼前，展开激烈的战斗，这是多么神奇的事情！

那些五彩缤纷上天入地本领各异的可爱宝贝们，个个看起来都软软的让人想用力捏一把，被捏的叫声一定很萌很可爱！神奇宝贝共有493种，如果算上代欧奇希斯、洛托姆、洁咪和骑拉帝纳的新形态共有504种，作者真厉害！杀死我所有的脑细胞我也想不出来这么多啊……

在这里提一下另一部和《神奇宝贝》十分相似的动画，没错，就是《数码宝贝》，两部作品连名字乍听之下都容易混淆。《数码宝贝》是由日本东映公司制作的系列动画，目前一共出了五个专辑。数码宝贝们相比神奇宝贝们更加凶狠，具有攻击性。很多都长得张牙舞爪，面目狰狞——虽然我是“宝贝”，但别指望我做听话又乖的宠物！然而更危险的是这群数码宝贝居然入侵现实世界，与人类的大战一触即发！恐怖的数伊古德拉希尔甚至对人类下了灭亡指令！唉，这哪叫宝贝啊，看看这些家伙们，暴龙，带铁头盔的骷髅，全身长满疙瘩的爬行类，巨型蝙蝠，跟它们相比，人类倒更像个

宝贝（擦汗）……所有宝贝都拥有爬虫类的冰冷眼神，长着凶残的大嘴，宝贝们啊，我知道你们饿了，乖啊，人肉不好吃啊……总之宝贝们个个剽悍无比，把它们当宝贝养的人类可真是……不知天高地厚啊。

希瑞

“赐予我力量吧！我是希瑞～～～～～～”一个金发碧眼的大美人手持利刃直插青空，然后瞬间风云变色天空黯淡，紧接着就是一道雷打了下来，美人穿上了铠甲成了一名战士。观众目睹着这一幕遭雷劈的电击事件不仅没有造成人身伤亡而且姑娘还变强变漂亮了，不禁都暗暗喝道：“好雷！”

希瑞（就是上文所说的美女），是美国动画片《非凡的公主希瑞》中的主人翁。该片是《宇宙的巨人希曼》的续篇，也是其中男主角的妹妹（这才叫正宗的兄妹篇^_^）。还记得那个留着当下流行的波波头（当初就这么时尚了）并高举宝剑，高喊着“赐予我力量吧，我是希曼～～”的肌肉男么？那位就是希曼！希曼因为在中国比妹妹希瑞出道晚，所以很“杯具”地被妹妹抢了不少风头，而希瑞虽

说在美国的影响力不如她哥哥，但当初在中国可是刮起了一阵女超人的旋风。毕竟还是大美人更容易打市场嘛！

希瑞的造型来源于《神奇女侠》的漫画。希瑞变身前名字叫阿多拉。当年霍德人进攻艾特尼亚时，罪恶的霍达克曾经从艾特尼亚王宫里偷走了一个女婴，这个女婴就是阿多拉。多年后，鹦鹉仙子令希曼救回了自己的妹妹，阿多拉这才知道了事实的真相，并最终脱离了霍达克的控制，成为了反对霍德军的起义军的领袖。观众在欣赏这部作品时，都会欣赏希瑞的勇敢和正义，那时长相已经是其次的东西了。

在曾经的那个年代，希曼希瑞的那句变身台词可是被无数动漫迷奉为经典传诵。不知道有没有人真的试试自己导电以后能不能变身，提醒大家一句，做这种事之前你得先确定自己是艾特尼亚人哦！

犬夜叉

《犬夜叉》无疑是将日本古典与流行动漫结合得最好的漫画之一。《犬夜叉》的漫画创下了三千万册的惊人销量，动画版一经播

出，收视率惊人。原作跨领域的改编成卡通、电影、舞台剧、商品、电玩等等，每种产品都叫好又叫座。值得一提的是，在习惯启用新人演唱动画主题曲以达到双赢效果的日本动漫界，它是唯一一部由日本国际巨星滨崎步、安室奈美惠等人演唱主题曲和片尾曲的动画。由此可以看出日本动漫界对这部动画的重视程度了！

在日本战国时期，西国大妖怪斗牙王与人类公主十六夜的儿子——犬夜叉，因为半妖的身份受到人类与妖怪的排斥，他为了成为真正的妖怪而想得到威力无穷的四魂之玉。而四魂之玉被女主角戈薇蹩脚的箭术射中后散落成碎片，于是寻找四魂碎片的旅程就此开始了。

故事以犬夜叉的目标为主线，描述了一个又一个极具日本特色的妖怪，如能操纵尸体的尸舞鸦，喜食女子的九十九之蛤蟆，用头发筑巢的逆发结罗，靠吃人妄图获得身体的肉面具，用自己的血召唤真鬼的地狱画匠，深居月亮却觊觎地球的辉夜姬……简直就是一部日本的《山海经》。犬夜叉与女主角及其他朋友们团结协力，各司其职，消灭各种因得到四魂之玉碎片而妖力倍增和试图抢夺他们手上已有的四魂之玉的妖怪。

犬夜叉虽饱尝世事艰辛与冷漠，却依然保持着他单纯热血的心，他大度，重情重义，也因为这个原因所以对桔梗和戈薇两个人感情一直处于纠结状态。犬夜叉，不要脚踏两条船哦～！

海绵宝宝

《海绵宝宝》是美国电视节目历史上最受孩子们喜爱的动画系列片之一，已经播出了120集，至今仍在继续放映中。该片在美国当地可是非常的有名，曾获得全美儿童电视动画片收视冠军，从1999年开始播出，每个月都有将近6000万观众收看，除了儿童观众以外，还有一半观众都是成年人。曾连续于2002年～2004年获得艾美奖最佳儿童节目奖，并于2004年获得美国电视评论家奖最佳儿童节目奖。这部动画片原名是《穿方形裤子的海绵鲍勃》(Sponge Bob Squarepants)，引进中国的时候被翻译为《海绵宝宝》，这样翻译不仅更容易被中国观众接受和理解，而且也因为该卡通片的主角名字叫海绵宝宝。

整部动画片讲述主角海绵宝宝如何孜孜不倦坚持不懈地给自己的居住地比其堡制造麻烦和解决麻烦并继续制造麻烦，整个故事用一种无厘头的爆笑方式来描述，一个又一个冷笑话非常适合夏天观看。海绵宝宝的职业是蟹堡王里的头号厨师，海胆星、章鱼哥和姗迪都是他的朋友。这个穿着方形裤子有两颗可爱的龅牙的黄色海绵带领着他的朋友们，创下了世界动画史上又一个集流行和经典于一身的优秀动漫形象！

葫芦兄弟

“葫芦娃，葫芦娃，一根藤上七朵花。风吹雨打，都不怕，啦啦啦啦。叮当当咚咚当当，葫芦娃……”葫芦娃的歌曲和它的故事一样早已家喻户晓。

《葫芦兄弟》是由上海美术电影制片厂于1986年原创出品的十三集系列剪纸动画片，具有独特的中国味道，是中国动画第二个繁荣时期的代表作品之一。当时也是举全厂之力倾心打造，集中了所有优秀的力量，因此该片艺术品位、艺术质量、制作水准都相当高，是当之无愧的国产动画艺术精品。

《葫芦小金刚》是葫芦兄弟的续篇。七只神奇的葫芦，七个本领超群的兄弟，为救亲人前赴后继，妖精们法力无边，葫芦娃大显奇能，一场场较量扣人心弦。

葫芦七兄弟是国内最好的原创动画角色之一，这些能力各异、本领高强、充满血性的葫芦娃自1986年播出以来，一直大受广大观众尤其是少年儿童们的喜爱，至今它仍旧是人们心目中永久的经典。不过有一点搞不清楚的是，为什么这七兄弟打仗每次都是一个一个上，就不能有点耐心等自己的弟弟出世再一起上吗？还是团结力量大啊！

花仙子

《花仙子》是1979年日本东映公司出品的一部动画连续剧，它绝对是日本少女漫画的典型代表，而且是纯少女漫画的样板和楷模。同时它也是我国最早引进的一部日本美少女类动画作品。

《花仙子》说的是继承了花仙血统的少女小蓓在12岁生日当天遇到了花仙使者，她接受了花王国要寻找能带来幸福与快乐的“七色花”的任务，并得到一把“花钥匙”，从而展开了唯美清新的梦幻之旅。旅途中她受到了娜娜小姐和狸猫波琪的阻挠，但勇敢的小蓓用非凡的毅力与智慧，在朋友咪咪、来福和嘉文的帮助下，借助“花钥匙”的神奇力量，克服旅途中的困难，一次次化险为夷。她热心帮助别人，在旅行中结交了许许多多的朋友，并且得到了他们的祝福。历经了千辛万苦，小蓓终于在充满了大家爱与真诚的花园中，找到了七色花，完成了国王交给的任务，也找到了自己的幸福。

整部作品给人印象最深刻的，莫过于漂亮、善良的女主角小蓓和她能用“花钥匙”变幻各种难以想象的漂亮衣服的魔力了。花仙子小蓓在这部仅48集的作品里，共展示了六十一套风格各异设计华丽的服装，难怪会在女生当中有相当的影响力了！

加菲猫

《加菲猫》是美国的连载漫画系列，由吉姆·戴维斯创作。主

角加菲是一只橙色、喜欢吃人类食物的胖猫。它生性喜欢讽刺别人，总是语出惊人，句句幽默又句句经典。也许这样的台词太多容易杀死脑细胞，所以它胃口大得惊人。加菲总是不忘把猪肉卷和意大利面挂在嘴边，或许它人生最快乐的事除了挖苦也就是吃了。

加菲初始的形象是身体比较大，眼睛比较小。尖尖的耳朵，T字型的鼻头，上唇和双颊长着许多小麻点。脸上长着更多的胡子，身上的斑纹也比较多。而今天的加菲猫的身材像父亲们的肚子一样圆滚滚的，脑袋则几乎跟身体一样大(这绝对不是末梢神经坏死把上面憋大了)，眼睛也大了，鼻子是个小椭圆，胡子每边三根，头部的斑纹只剩每边三条，每边面颊也只有三个麻点了。不知道朋友们觉得哪个更可爱呢^_^?

小贴士:

加菲猫经典语录

1. 嘘——千万不要告诉他们我做了好事，这会影响我的形象的！

2. 你竟然带了一个又老又没用的家伙回来，而且不是我。

3. 今天吃得下的，绝不留到明天去。

4. 欧迪，我们去吃冰激凌吧，不过你得看着我吃。

5. 今天我要做俯卧撑……呃呀呀呀呀呀……今天先俯卧……明天再撑……

6. 这个汉堡包的味道不错，但不如前八个好。

7. 欧迪，走，我们去买一个或九个汉堡包当晚餐。

8. 肚子大不可怕，可怕的是肚子里没有好东西。

9. “欧迪在窗外冻得瑟瑟发抖，真可怜。我真有点不忍心看他这样。不，难道我能坐视不管吗？我必须做点什么。”加菲拉上了窗帘。

10. （深沉状……）——我是在做梦吗？——（冲到自己“床”前，掀起被子……）被子里没有我，不是在睡觉……

11. 这个世界上还有很多比钱更重要的东西，比如说意大利面。

12. 加菲猫要有了三个愿望：“第一个是要猪肉卷，第二个还是猪肉卷，第三个，哦，你错啦，我想要更多的愿望，那样我就能得到更多的猪肉卷啦。”

13. 球状也是身材。

14. 我还得对欧迪说一声对不起——（这时欧迪站在桌子边上，走过去一脚踢将下去。）——现在得说两声。

15. 就到这儿吧！我要去睡今天的第三个午觉了。

16. 我向星星许了个愿。我并不是真的相信它，但是反正也是免费的，而且也没有证据证明它不灵。

17. 加菲手里拿着一个冰激凌，对欧迪说：欧迪，要不要舔一下？欧迪满心欢喜的诚恳又期待的望着加菲。加菲伸出舌头在欧迪脸上很用力地舔了一下，继续吃冰激凌……

18. 每个人都应该热爱动物，因为它们很好吃。

19. 工作好有意思耶！尤其是看着别人工作。

20. 生活就像打牌，如果你没赢，那你就输了。

流氓兔

在亚洲，韩国的经典动漫形象和中日两国相比在数量上少得可怜，可是流氓兔绝对是他们拿得出手的知名角色。

流氓兔（MashiMaro）于1999年出生在韩国，它是韩国第一个打进国际市场的漫画偶像，也是第一个透过互联网络获得广大网友传阅并因此成名的卡通形象。随着现在青少年无厘头文化的兴起，流氓兔调皮、无厘头的个性在亚洲地区掀起了不小的风潮。他可以从背后拿出许多道具，包括马桶、马桶刷、酒瓶……不过最常用的武器还是他的屁股，虽然都不太卫生。老是撅起圆屁股捣蛋的小贱兔，爱恶作剧却一脸“与我无关”的表情。那淡定的心态和眼神，却迅速掳获了青少年和年轻上班族的心。

流氓兔(MashiMaro)之名来自于 marshmallow(棉花糖)，主要在于它浑圆白胖的样子就像棉花糖一般 。

麦兜

麦兜是源自中国香港的一头卡通猪，这只猪猪的生活普通到不能再普通，可正是这样一个普通得不能再普通的角色，让观众看到了自己、孩子以及周边人群中普遍的影子，让大家有一种感同身受的感觉，看这部作品就像在看自己的生活一样，感觉很亲切。同时麦兜本身的形象设计也非常招人喜爱，所以注定它会是世界经典动漫形象之一。

麦兜系列故事从出现的一开始便产生了让人惊讶的影响，无论是漫画、影片还是附属产品都取得了不错的成绩。《麦兜故事》上映十多天就已经有了破千万的票房收入，而接连两部作品在为中国香港的观众带来欢笑的同时也赚足了票房。这几部影片的拍摄及上映，为中国香港带来了属于自己特有的动画形象。

麦兜是一只可爱的小猪，现在在春田花花幼儿园上学，梦想是当一个奥运风帆冠军，去马尔代夫旅游，当抢包山冠军。就喜欢吃快快鸡，讨厌吃蔬菜。这只平凡的小猪和它的妈妈麦太太总是会说出一些经典搞笑的台词让大家记忆犹新。印象最深的是麦太太介绍包鸡纸包鸡包纸包鸡的做法——首先将纸包鸡小心撕开，大家就会有一张包鸡纸及一块鸡，接着把鸡包纸像我这样子包住那块鸡，然后再像这样子用包鸡纸包包包包住它，那一味包鸡纸包鸡包纸包鸡就完成了——麦太太即使不是个成功的厨师，也是个成功的说相声的……

米老鼠

老鼠过街人人喊打，但是今天我们介绍的老鼠不仅是一个大众宠儿，而且还获得过所有明星都梦寐以求的奥斯卡奖！有这样的老鼠吗？没错！恭喜你答对了！就是米奇！

米老鼠米奇毫无疑问是世界上最出名的老鼠。1928 年世界上第一部有声动画《威利汽船》中米奇正式登上银屏，由迪士尼创始人华特·迪士尼先生亲自配音，这可以看出米奇在迪士尼心目中

乃至整个迪士尼公司的地位。这只老鼠以其随和的性格，亲切友善的形象赢得了大批粉丝的追捧，从此奠定了它在卡通圈大哥大的地位，一举成为史上最受欢迎的卡通形象。

1922年，华特·迪士尼21岁的时候，在堪萨斯市一间破烂不堪的车库里的画板上描绘他漫画家的梦。那真是一段十分艰苦的时期。有一天，当华特·迪士尼辛苦伏案画画的时候，有一只小老鼠瑟瑟缩缩地爬到桌子上偷食面包屑。当小老鼠发现华特·迪士尼没有赶它走或置它于死地的意图，就大胆地与他逗乐，甚至淘气地爬上他的书桌和画板，仿佛在看他画画似的。在寂寞和苦闷中，这一大一小的生灵建立起了深厚的友谊。在短短的两个月时间里，那只小老鼠成为华特·迪士尼忠实的小朋友。它虽然淘气，却也很温驯，更会撒娇，有时甚至蜷伏在华特·迪士尼的手掌心里睡大觉。华特·迪士尼很喜欢看着它，研究它的每一个动作，甚至还会对着镜子又皱鼻子、又努嘴巴，学着小老鼠一大堆可爱的小动作。在华特·迪士尼苦恼要制作一部新的卡通片，塑造一个新的角色时，小老鼠的形象就突然从他的脑海里蹦了出来。迪士尼画出了一个可爱的老鼠卡通形象，妻子莉莲为其取名为“米奇”，举世闻名的米老鼠就这样诞生了！

三毛流浪记

《三毛流浪记》是中国漫画家张乐平的代表作，于 1949 年改拍成动画片，描述了流浪儿童在旧社会被奴役、欺负、践踏的悲惨遭遇，并成功地塑造出了代表形象——三毛。

三毛，顾名思义，他的最大特点就是头上仅有三根头发。三毛是解放前旧上海的一个流浪儿童，没有家，没有亲人，无家可归，衣食无着。他吃过贴广告用的浆糊，睡过垃圾车，冬天就以破麻袋披在身上御寒。为了生存，他卖过报，拾过烟头，帮别人推黄包车，总是受人欺侮，但他挣到的钱连吃顿饱饭都不够。只有与他命运相同的流浪儿关心他，给他温暖。他在路旁拾到钱夹，把它交还了失主，而失主反诬他是扒手打了他一顿。流氓爷叔见三毛年少不懂事，便利用他做坏事。等三毛明白自己受了爷叔利用时，宁可饿肚子，也不再干爷叔教他的坏事。后来一个有钱的贵妇人收养了三毛，应该算是苦尽甘来了，可三毛不愿在富人家过寄生虫般的生活，在一次为他举行酒会的时候，他捣乱酒会，脱下华丽的衣服，披上麻袋片，又回到流浪儿队伍中来。解放后，他结束了流浪，过上了正常的生活。

三毛的经历和他的故事背景，一直深深地震撼着我们的心灵。坚强、乐观、善良、机敏、幽默的“三毛精神”，赢得了人们的加倍喜爱和珍惜。我们赞美善良的三毛，并真心希望世界上所有的儿童都能有美满的童年。

狮子王

《狮子王》是迪士尼动画的里程碑作品之一。作品从莎士比亚代表作《哈姆雷特》里获得灵感，由一流的动画人物设计师深入非洲观察和写生2年之久，利用了当时最先进的2D动画技术，并且配上宏伟的交响乐，使该片成为历史上最受欢迎的影片之一，荣获五项奥斯卡奖，五项金球奖，五项英国学院奖，一项洛杉矶影评人协会奖和美国国家评论协会奖。现在是电影史上唯一进入票房排名前十名的卡通片。

主人公辛巴(Simba)出身于王室，父亲是统治荣耀国的狮子王木法沙。辛巴从小就认为自己理所当然会成为国王，它只有统治的欲望而没有什么责任感。而觊觎王位已久的叔叔刀疤利用辛巴的好胜心设局杀死了木法沙，使辛巴误以为是自己杀死了父亲而愧疚出逃，置荣耀国的子民于不顾。后来在友情的帮助和爱情的感召下，辛巴正视了自己的责任，那句"我回来啦，你选择吧，要么退位，要么接受挑战！"宣告辛巴真正成了一只有责任感有勇气的狮子。最后辛巴杀死了刀疤，在母亲和朋友们的欢呼与祝福声中，正式宣布执掌政权。片中调皮惹事的小辛巴到最后威风凛凛在荣耀石上屹立的大辛巴，活脱脱地塑造了一个少年的成长史。它鼓励着所有的年轻人成为一个有责任心有勇气的人！

辛巴这个名字的来历很多人不知道，它来自于日本动画《森林大帝》的主角——白狮子辛巴。这部动画讲述了森林之王白狮子潘加为救妻子而牺牲了生命，后来它的妻子产下小白狮辛巴，小辛巴继承了父亲的英勇性格，在经历了种种磨难之后，最终成为了百兽之王、森林的大帝的故事。这个故事听起来和迪士尼作品《狮子王》十分相似，白狮子王辛巴在中国的知名度也没有狮子王辛巴的名声高，但是这部1965年诞生于日本漫画之神手冢治虫手中的作品生动地表现出非洲大陆的自然风光，淋漓尽致地渲染了“对生命的崇敬与热爱”这一主题，而迪士尼版的狮子王辛巴展现这种风采已经是1994年的事了。

舒克贝塔

舒克贝塔是著名童话作家郑渊洁代表作《舒克贝塔历险记》里的两只老鼠，开飞机的是舒克，开坦克的是贝塔。它们原本是你走你的阳关道我过我的独木桥，俗话说不打不相识。两位就在一次互殴中产生了英雄惜英雄之情而化干戈为玉帛成了铁杆好哥们。40年过去了，现在的舒克贝塔均已结婚生子，但它们金子般的友谊仍在中国童话史和动画史上熠熠生辉。

老鼠给人的感觉总是很不好的。尤其在《舒克贝塔历险记》里，

人类这种观念根深蒂固。不偷东西的老鼠根本不存在；不抓老鼠的猫就不是好猫。可正义感十足的舒克贝塔和敬重舒克贝塔的白猫舒丽却挑战了人类的传统认知。其间它们一直在不懈地努力改变人类的看法，其间虽然有误解，有受伤，有对立，但是舒克贝塔的优良品质早已感动了所有阅读过这部作品的人们。

《舒克贝塔历险记》动画虽然只有13集，但是文学作品已经写了366集，而且仍然在继续写。本书是郑渊洁的成名之作，也是当代中国儿童文学的扛鼎之作，在中外儿童文学界享有盛誉，富有深刻的教育意义。

鼹鼠的故事

20世纪80年代中期，正当中国的电视荧屏上日本的铁臂阿童木和一休哥，还有来自大洋彼岸的米老鼠、唐老鸭纷纷亮相，风头正劲时，突然间从地底下钻出了一只愣头愣脑的小家伙——《鼹鼠的故事》被引进了！

《鼹鼠的故事》原本是捷克斯洛伐克著名的经典儿童文学，由于屡次在国内国际获奖，被改编为动画片。《鼹鼠的故事》是一部深具自由灵动的生命气息、散发着快乐幽默的童真和意趣的经典作品，堪称怀旧动画片的巅峰之作，今天仍然有很多家长和孩子

喜欢这部温馨浪漫的卡通作品。

作为卡通片中最具人气的动物明星之一，圆头圆脑的小鼹鼠所演绎的既搞笑又充满温情的小故事，曾让所有的孩子和成人忘记了烦恼和沉重，享受到了极大的快乐和温暖。“HI”“HELLOW”连同“咯咯咯”的笑声，尽管这就是小鼹鼠全部的“语言”，但这些已经成为不朽的经典。它总是忽闪着大眼睛，支支吾吾，很少言语，憨态可掬。它时而是小画家、小工匠、小音乐家，时而又摇身变作小园丁、摄影师、化学家，甚至还当过电影明星、小裁缝。它天生胆小，却又充满了好奇，心地善良，时常冒出些机灵聪慧的小火花，很快它又博得了大人们的欢心。真想再一次在电视上与这只可爱的鼹鼠一起度过幸福的时光。

丁丁历险记

大部分人都产生过环游世界的想法，有的是想游山玩水，有的是想领略异域风情，有的是喜欢刺激新鲜的生活，但是没有一个人的出发点会像我们今天的男主角。

他是一名记者，但他从不做记者做的事情，他更像一个侦探。他总是闲不住，在非洲，在美洲，在印度，在中国西藏、上海，都留下了他的脚印。甚至他成为了在月球上探险的第一人。我想说到这里，大概很多人都会想到一个名字。对，他就是丁丁，一个怎么看都长着一张大众脸眯缝眼乡村相的男孩。这娃会的可非常多啊：他遇山攀高、遇水畅游，飞机、汽艇、海轮、坦克甚至火箭以至月球车，人挡杀人，佛挡杀佛（当然是以正义的名义）的男孩。他是个其貌不扬，执著地探险的男孩，也是一个内心总为他人绷着一根弦的男孩，更是一个把爱更多分给那些需要帮助的人的男孩。

戴高乐曾经说过："生活的坎坷能和我相比的，世界上只有一个人，就是丁丁。"丁丁的作者埃尔热也说过："丁丁就是我。"作为一名记者，丁丁却从不记录人们告诉他的东西，相反，他总是自己去调查。他从不惧怕任何人和任何势力，因此他成为了和平和正义的象征，受到世界人民的热爱。游历中的丁丁与所到之处存在的不合理现象作斗争，与军火商、毒品贩子等丑恶势力相周旋，他讲友谊、重诺言，扶弱斗强，智勇双全。如果我是丁丁，我也会觉得很幸福——能够看遍世界的风景，能够救赎受伤的心灵。如果我们都是丁丁，那么这个世界是不是可以更加美好，更加幸福呢？

怪鸭历险记

大家都知道唐老鸭，那是一个憨态可掬的鸭子。那么你知道怪鸭吗？而且还是一个和吸血鬼有关的怪鸭！你问我怪鸭是什么？告诉你它是……是……还是鸭。

这是一个以英国传统故事改编的充满了笑料与调侃的故事，它用无厘头式的幽默阐述吸血鬼主题，是吸血鬼界的传奇之作。怪鸭故事情节荒诞离奇，颠覆了传统故事中对恶魔的描述，虽然在音乐和画面上营造出一种令人毛骨悚然的气氛，但恰恰是利用这些设计成为了故事搞笑的手段，充满了强烈的对比。

达Q拉，是居住在特兰斯瓦尼亚城堡里的吸血伯爵。虽然暴露于阳光或者被木桩刺透心脏都能让他见上帝，但是他却能够通过一种神秘的仪式再次复活。然而，当最近一次仪式举行的时候，本该倒入棺材的血液被错拿成了蕃茄汁（无语，真浪费……），于是，重生的达Q拉伯爵变成为了一只光吃素、略有点神经质的绿鸭子（为何倒番茄汁就会成为鸭子呢？难道倒蜂蜜汁就会变出维尼?）。他有两个仆人：雨果是一只年迈的老鹰，一辈子都在这个城堡里做管家，对达Q拉家族忠心耿耿（汗，不是写圣母院的那位啊，不要投诉我啊）；女仆南妮负责照顾达Q拉伯爵的饮食起居，她不走寻常路，总是撞墙而入，令人哭笑不得。

电影里的吸血鬼，要么恐怖至极，要么帅到让人流口水。而以鸭子造型登场的关于吸血鬼的故事，要么搞笑至极，要么肥到让人流口水……

国王与小鸟

每一个人的小时候，都会牢牢记住一个人的名字。他给世界里的每一个孩子带来了快乐，他让每一个孩子在睡觉前听着他的故事安然入睡。他就是安徒生。这个安徒生写过无数篇童话，其中就有《牧羊女和扫烟囱工人》。那是一个发生在虚构的 Takicardie 王国中的故事，一个迷人的牧羊姑娘和一个扫烟囱工人坠入爱河，但是色迷迷的国王却想霸占牧羊女。一只小鸟意识到了险情，千方百计帮助这对恋人逃跑，但结果和扫烟囱工人一同被捕并被关入狮笼。两人最终合力组织狮群救出牧羊女，击败了国王。

法国人将这个童话改编成了动画片——《国王与小鸟》，它在成人和孩子的世界中都取了巨大的成功。动画的主人公是一个性

格乖戾，至尊无上，穷奢极欲却又生性多疑，动辄就将人打入地牢的国王。他喜欢收集画作，也爱让人给他画肖像，但可惜他是瘸子又是斗鸡眼，为他画像的画师因为画得太真（腿和眼都画）或因为画得太假（画得很完美），所以总是下场悲惨地被打入地牢，只有一个画师把他画成了一条腿踏在石头上举枪瞄准猎物方才幸免于难（原来如此啊，这画师真聪明啊，真会遮掩啊）。某天在国王的秘密公寓里，一个画家正为国王肖像加上最后的笔触，但是他忘了先画一个笼子，所以这幅肖像被已故国王的灵魂所占据。霎时，所有神秘的现象出现了：国王画室里的画作上的两个人物——牧羊女和扫烟囱的小伙子从画里活起来，互相坦承对彼此的爱。但国王的肖像却逼迫牧羊女与自己结婚，双方的争吵把真国王引来。讽刺的是，真的国王却被画里的国王也打入了地牢。假国王的脾气性格和真国王完全一样，但统治手段更为邪恶，他派出 police 追捕逃出画作的这对恋人，为了逃避 police 的追赶，扫烟囱的小伙子和牧羊女这对恋人在小鸟的帮助下开始惊心动魄的逃亡之旅……小鸟啊，小鸟，你这是图的什么啊……最终由于小鸟被抓，小伙子和小鸟也被关进地牢。他们团结了被关押在地牢里的百姓，冲出了地牢，在国王与牧羊姑娘的婚礼上推翻了国王的统治。故事的结局就像麦太太每天睡觉前和麦兜说的故事一样："从前有个小朋友他很孝顺，结果第二天，他发财了……"

图书在版编目(CIP)数据

美的繁星／金婷婷，梁馨，周迪著．—合肥：合肥工业大学出版社，2010.11

(少年博览丛书／李瑞，朱智瑛主编)

ISBN 978-7-5650-0298-4

Ⅰ.①美… Ⅱ.①金… ②梁… ③周… Ⅲ.①文物—中国—少年读物②油画—鉴赏—世界—少年读物 Ⅳ.①K87-49②J213.051-49

中国版本图书馆 CIP 数据核字(2010)第 214551 号

美的繁星

金婷婷　梁馨　周迪　著　　　　责任编辑　朱移山

出 版	合肥工业大学出版社	**版 次**	2010 年 11 月第 1 版
地 址	合肥市屯溪路 193 号	**印 次**	2010 年 11 月第 1 次印刷
邮 编	230009	**开 本**	880mm×1230mm　1/32
电 话	总编室:0551－2903038	**印 张**	8.375
	发行部:0551－2903198	**字 数**	120 千字
网 址	www.hfutpress.com.cn	**印 刷**	合肥东方红印务责任有限公司
E-mail	press@hfutpress.com.cn	**发 行**	全国新华书店

ISBN 978-7-5650-0298-4　　　　定价:25.00 元

如果有影响阅读的印装质量问题，请与出版社发行部联系调换